20代女子投資家が伝える

誰も教えてくれなかった
お金の話

奈湖ともこ著

プラチナ出版

はじめに

はじめまして。奈湖ともこと申します。

私は東京に生まれて、小学校までは公立の学校に通っていましたが、中学からは私立の中高一貫校に進学しました。

それまで親の敷いたレールから外れるなんて考えたこともなかったのですが、高校1年生になって、「このまま普通に大学受験して就職する人生を歩んでもいいのかな？」と疑問を抱きはじめました。

また、厳しい校則にがんじがらめの生活がとても息苦しく、髪を染めたり、おしゃれをしたいとも思いました。

その結果、私の関心は家庭の外、学校の外に向きました。簡単にいうとグレたのです。

当時の私はいわゆる〝ギャル〟です。

家や学校を飛び出して、渋谷の夜の街で長い時間を過ごしていました。

今よりもっともっと濃いメイクをして、友だちとカラオケに行ったり、プリクラを撮ったりしながら遊んでいました。

結局、高校を中退して、その後に大検を取って入学した大学も中退。親にもいっぱい心配をかけてしまいました。

そんな中途半端な人生を歩んできましたが、今は「不動産投資家」をしています。

不動産投資とは、人に部屋を貸してお家賃をいただく「大家さん」のお仕事です。

現在、アパート3棟14室、戸建て4室。お家賃は年間で約1600万円近くあり、そこから税金や経費なども差し引いて、おおよそ900万円の利益があります。

私にとって人生の転機は、21歳のときに受けた不動産投資のセミナーでした。

投資というと、ものすごくハードルが高く感じられますが、要するに「貯めたお金を殖やしていくこと」です。

お金の殖やし方にはいろんな方法がありますし、どれがベストとは言い切れません。というのも、すべての投資手法に良い点もあれば、悪い点もあるからです。

「絶対に儲かる投資!」なんてものは世の中にはありません。リスクを引き受けるからこそ、リターンもある。そういうものだと思っています。

いずれにしても、お金の知識を得て、お金をコントロールしなくては始まりません。

はじめに

今、私たち20代には、さまざまな不安があると思います。

「一生懸命働いても、お給料が少ない」

「仕事が楽しくない。辞めたい」

「この職場でずっと働けるの？」

「収入が低いから貯金ができない」

「結婚して子どもを産んで育てていけるの？」

「親世代はともかく、私たちは年金をもらえるのかな？」

私にも、同じような悩みがありました。私の場合、学歴もなく不安定な非正規社員ということもあり、いつも「このままで大丈夫なのかな？」と心配でした。

「とりあえず、毎日が楽しければそれでいい！」。そういう気分のときもあれば、「将来のこと、ちゃんと考えなくっちゃ……」と追い詰められた気持ちになることもありました。

本書を手に取ってくださった皆さんにも、そんな悩みがあるのではないでしょうか。

世の中に「お金の本」はあふれています。

20代向けや女性向けに書かれた本はたくさんありますが、その本を執筆しているのは20代でもなく、女性でもないことが多いです。

偉い先生なのかもしれませんが、私たち20代の事情や気持ちを理解するのは、世代間ギャップや立場の差もあって、なかなか難しいのではないでしょうか。

現在、私の年齢は28歳です。社会に出て働き始め10年、お金を貯めて投資をはじめて7年が経ちます。

同年代の平均給料に比べれば、たくさんのお金を得られるようになりましたが、何十年ものキャリアはありませんし、立派な学歴や肩書もあるわけではありません。

しかし、私自身がこれまで実践してきたこと、考え方や心がけを皆さんにお伝えすることで、同じ年代の皆さんがもっともっと上手にお金と付き合えるのではないかと考えています。

そして、より楽しい、より素敵な人生を歩むお手伝いをしたいと考えて、私の3冊目の書籍となる本書の執筆を決意しました。

お金だけで幸せは買えませんが、お金があることで人生の選択肢が増えます。同じ世代として、同じ仲間として、本書が皆さんの人生を好転させるきっかけになれば、こんなにうれしいことはありません。

目次

目次

第5章　投資をして殖やそう

第6章　3カ月分の給料を貯めたらはじめよう

イラスト 坂木浩子（ぽるか）　本文デザイン・DTP 井関ななえ

序章

学校では教えてくれない、お金のこと

そもそも日本ではお金のことを学校で教えてくれません。

そのため、社会に出てから収入を得ると、全く知識のない状態でお金と向き合っていくことになります。

ゆとり世代、さとり世代（15〜32歳）といわれる私たちは、半ば揶揄《やゆ》をこめて物（商品）をあまり買わない「草食系」といわれます。

でも、スマホは絶対に持っていますし、高価な商品を買ってみたり、派手に遊んだりはしないけれど、旅行やイベントなどの「経験」には惜しみなくお金を使う傾向にあります。

いわゆる「モノ」よりも「コト」に消費しているのです。

これまで贅沢とされてきた華美な生活やブランド品や高級外車の購入、派手な遊びから関心が失せてしまったけれど、いざ「コト」に対しての価値観を共有できれば、気心の知れた友だちと連れ立って旅行へ出かけるお金も惜しみません。

このように、結果的にはお金を使っているのです。

ただ、昔の人が「良い！」と認めていたものを、むやみに肯定するわけでもなく、自分たちの価値観で「良い！」と認知したものに対してお金を使うのです。

ですから、お金を使っていることに関しては変わりません。

お金の使い方を深く理解せず、浪費していることに対しては変わらないのです。そうすると、持っているお金があればあるだけ使ってしまいます。


テレビで流れるCMや有名な方のインスタなどを見て「おしゃれな生活がカッコいい！」と踊らされ、むやみにお金を浪費しないように気をつけましょう。

私は浪費していない……そんな風に思う人でも、クレジットのリボ払いやスマホの分割払いをしていませんか？

私たちの親世代はクレジットカード払いが一般的になった世代といいます。そのカードのリボ払いで家計が危うくなる人が続出する初期世代でもありました。

現代では携帯電話を買うとき、分割で払うのが当たり前になっています。

10万円もするような新しいiPhoneを、月々3000円程度の分割で購入します。それが、どんな意味を持っているのか、知らないまま大人になっているのです。

20代のライフステージと目標（平均年収）

20代の平均年収は３４６万円といわれています。これは男女によっても異なります。

民間の給与実態統計調査によると、20代前半の男性の平均年収が３３０万円で、女性は３１０万円です。これが25～29歳になると男性が３９３万円で、女性は３５３万円です。

もちろん業種や地域によっても異なります。

やはり東京の４８４万円が最高で、大阪も４００万円台と高いです。

北海道も３１１万円と高く、愛知県の名古屋や福岡県の福岡といった大都市が上位を占めています。

最低が沖縄県の２７６万円ですから相当に差があります。

また、正社員なのか非正規社員、アルバイトによっても収入が変わります。

私の友だちは正社員で20歳のとき年収３００～４００万円でしたが、それでも生活は大変そうに思えました。

ここでは、あなたがいくら稼いでいるのかというよりも、あなたがどの状況に置かれているのかがポイントです。たとえば収入が低くても、実家暮らしならお金は貯めやすいでしょう。

逆にすごくお給料が高くても、都心で高額な家賃を払い続けていると貯金をするのも大変です。

地方であっても、交通の便が発達していて車を持たなくても暮らせるのか、それとも車無しでは生きていけないのかによって変わります。

居住費だけを見れば圧倒的に地方が安いため、給料が東京のように高くなくても生活は苦しくないというケースが多いです。

- 20代の平均年収　346万円
- 20代前半の男性　330万円
- 20代前半の女性　310万円
- 25～29歳の男性　393万円
- 25～29歳の女性　353万円

今の20代の老後はどうなる？

今の20代の老後は、いったいどうなってしまうのでしょうか。

金融庁の市場ワーキンググループの報告書にあった「年金だけでは老後資金2000万円が不足」ということが大きな問題とされています。

それ以前から年金の破たんもいわれていますが、その原因は少子高齢化です。

私自身の考えをいえば、金融庁の報告を受けるまでもなく、今の若者たちはまともに年金をもらえないと覚悟しています。


そもそも終身雇用すら、すでになくなっているのです。ご存知の方も多いでしょうが、私たちの親世代は就職すると、定年まで勤めるのが常識の時代でした。

定年まで働けば退職金がもらえたのです。妻が扶養家族でも年金がもらえました。

今は状況がどんどん悪くなっていき、扶養される人もあまりメリットがなくなったのです。ですから専業主婦という存在も幻想になりそうです。

もちろん、今、働いているからとはいえ安泰とは限りません。リストラされてしまうことだって大いにありえます。

会社の経営が順調であっても、パワハラやセクハラにあう可能性もあれば、病気になって働くことができなくなる可能性だってあるのです。

ましてや女性は結婚や出産などで状況が大きく変わります。

いつ、誰と、どこで結婚をするのか。

結婚したときの状況や、親がどうなっているのか、子どもをどのような環境で育てるのか、多くのことで左右されるため、将来への不安は大きいです。

経済的に頼れる人と結婚できたとしても、安泰とは限りません。

前述したように誰でもリストラされる可能性はありますし、大企業ですら経営が傾くケースは珍しくないからです。

そう考えると、あらゆることに「絶対」はないですし、経済的に苦しくなるリスクは誰にでもあるのです。

老後にかかる生活費についても、よく話題になっていますが、2000万円問題以前には「4000万円必要」「6000万円必要」とさまざまなデータがありました。

しかし、今の20代の若者の50年後を想定しても、あまり意味がないように思えます。

そもそもインフレでお金の価値が変わり、必要な金額が変わってくるかもしれません。

インフレとはインフレーションの略で、物価が上がることを指します。

インフレには良い側面と悪い側面が存在します。物価が上昇すると共にお給料も上がれば、景気は良くなっていきます（政府はこれを目指しています）。

これが物価だけ上昇して、お給料が上がらなければ大変です。生活がどんどん苦しくなってしまいます。

年金にしても、インフレになって物価が高くなってしまえば、今の10万円の価値が1万円程度になってしまう可能性があるのです。

ですから「50年後のためにお金を貯めておこう！」というよりも、まず、今の生活を見つめ直し、今年や来年のレベルでお金を貯めるほうが現実的だと私は考えます。

みんなはいくら貯めてる？

金融広報中央委員会の「家計の金融行動に関する世論調査」（２０１８年）によると20代の平均貯蓄は１２８万円で、中央値でいえば5万円という結果となっています。お金に関する統計によく「中央値」という値が使われます。これはデータを小さいものから順番に並べ、その真ん中にある値を指します。

つまり、20代の貯蓄は一部の大金を貯金している人を除けば、５万円程度ということなのです。

また貯蓄が無い人の割合は45・４％で半分弱は貯金をしていないのです。

なお、この調査では金融資産保有世帯の金融資産保有額は、平均値は１２３４万円となっています。これは預貯金だけでなく株などの有価証券も含まれており、うち預貯金の割合は41・７％となっています。

結局のところ、日本の平均貯蓄はお年寄りたちが中心となっており、20代の若者には貯金がないのが現実です。

貯金がなければ娯楽はスマホのみ……になりかねません。

もしもブラック企業で働いているとき、収入が途絶えると生活できないため、辞められませんし、資金がなくて結婚できない。子どもが産めないということもあります。

平均値

(1億円＋4,000万円＋700万円＋300万円＋0円)÷5

＝**3,000万円**

中央値

金額順に並べたときに、5人のうちの真ん中である、

3番目のCさんの値＝**700万円**

お金に関係する事柄を評価するときは

「平均値」でなく「中央値」を参考にしましょう

まずはお給料の1カ月分の貯金から!

それでは、貯金はいくらあればいいのでしょうか。

私が提案する貯金額は「お給料」を基準に考えます。

仮に月収25万円だとしたら、まずはお給料の1カ月分を貯めることからスタートします。

1カ月分が貯まったら次は3カ月分を目指します。

そうしてコツコツと頑張って、1年分の300万円を貯めるという3段階での貯金をオススメしています。

そして、最終的には1000万円の貯金をつくって、お金にお金を稼がせましょう。

お金にお金を稼がせるという発想は、ピンとこないかもしれませんが、それは第5章で詳しく解説します。

第1章からは、具体的にどのようにしてお金を貯めていけばいいのかを解説します。

ダイエットもそうですが、ムリは長続きしませんし、急激に体重を落としたらリバウンドしてしまいます。

貯金もまったく同じで急激に金額を増やしても、後から節約のストレスで散財してしまったら元も子もありません。

ムリなく節約して気づいたらお金が貯まっている。そして、貯めたお金がどんどん増えていく……そんな生活を目指しましょう！

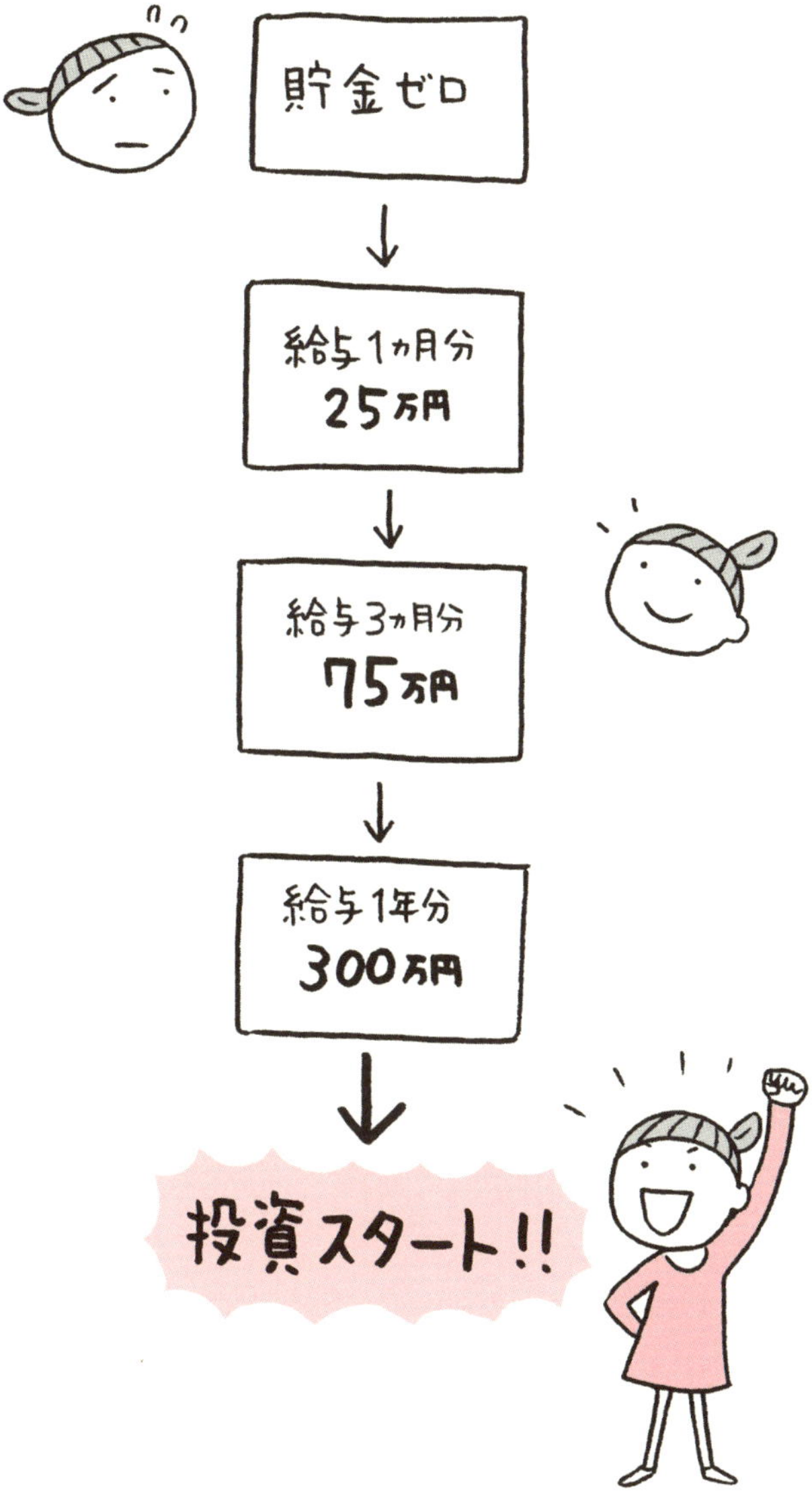
貯金ゼロ
給与1ヵ月分
25万円
給与3ヵ月分
75万円
給与1年分
300万円
投資スタート!!

第1章

まずは生活を見直そう

お金が貯まらないダメ5か条

第1条 コンビニ通いはダメ！

ランチに行った帰りや会社の帰り道に、コンビニへ立ち寄る習慣はありませんか？

とくに高いものではなくて、飲み物を買う、スイーツを買うということをしていませんか？

私自身も仕事帰りにコンビニへ立ち寄る習慣がありました。

コンビニのダメな理由は、まず価格がスーパーと比べて高く、割引がないことです。そして、何となく「ついで」にムダなものまで買ってしまいます。

たとえばデザートやお菓子、ドリンクといった類です。

私も過去に飲み物を買うとき、何となくお菓子も手にとってしまい後悔していました。

それが１日５００円だとしても、積もり積もればバカになりません。

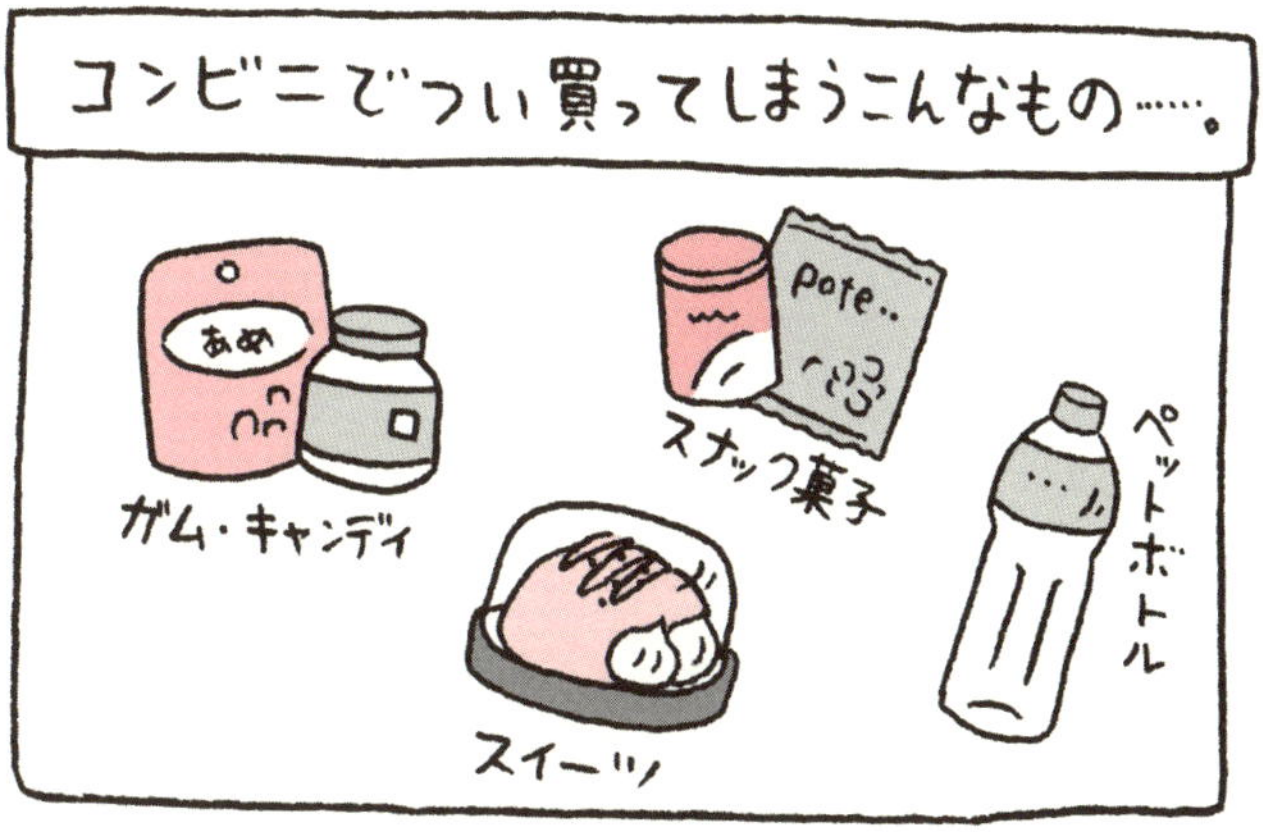

コンビニで1日**500円**買い物をすると…

↓

1か月で**1万5,000円**

↓

1年で**18万円**

↓

3年でなんと**54万円**の出費に!!

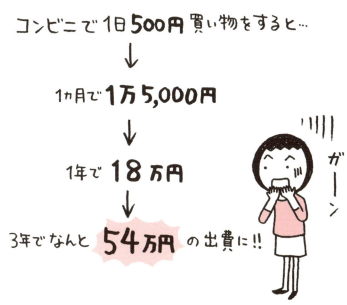

第2条 リボ払いはダメ！

リボ払いとは、「リボルビング払い」の略で、消費者金融やクレジットカードの返済方法の一方式です。

クレジットカードの利用金額や回数に関係なく、決められた一定金額だけを支払う仕組みです。

たとえば10万円の買い物をしたとしても、月々の返済額は1万円だけ、という風に決めることができます（定額式の場合）。

本来であれば、クレジットカードで買い物をして、分割払いを何度も繰り返すと「前々回の残高に前回の残高と今回の残高が乗る」ということになり、支払い額がどんどん増えて支払いが難しくなりがちです。

これがリボ払いであれば、繰り返し利用すると残高が増えていく点は変わりませんが、支払い金額は基本的に毎月決められた分だけで済むため家計を圧迫しません。

だからつい安心して、クレジットカードを使ってしまいがちです。

ここで覚えていただきたいのは、リボ払いには種類があること。それから手数料が高いということ。

また、リボ払いをしていると、ずっとお金を返し続けなくてはいけないということです。

ご存知ない方も多いのですが、リボ払いの種類には「定額方式」と「残高スライド方式」があります。

定額式は月々の支払い額は同じですが、残高が増え過ぎた場合、支払い額中の手数料の割合が増えて、その結果、払っても払っても減らないという事態になりかねません。

残高スライド方式の場合、残高によって月々の支払い額が増えます。

たとえば、10万円未満なら1万円、10~20万円未満は2万円。20万円以上は10万円毎にプラス1万円といった形です。

また、リボ払いの金利はだいたいどこのクレジットカード会社でも横並びで15%です。なかには多少低い会社もありますが、ほとんどが法律上（貸金業法）の上限である15%なのです。

金利15%は非常に高いですが、これは年利です。

つまり1年間、お金を借りたままにした場合にかかる手数料の比率となるため、半年で返済すれば、半分の7・5%、4カ月で返せば5%になります。つまり早く返せば返すほどお得なのです。

ですから、リボ払いでずるずると長期間借りるのは絶対にやめましょう。

リボ払い定額式

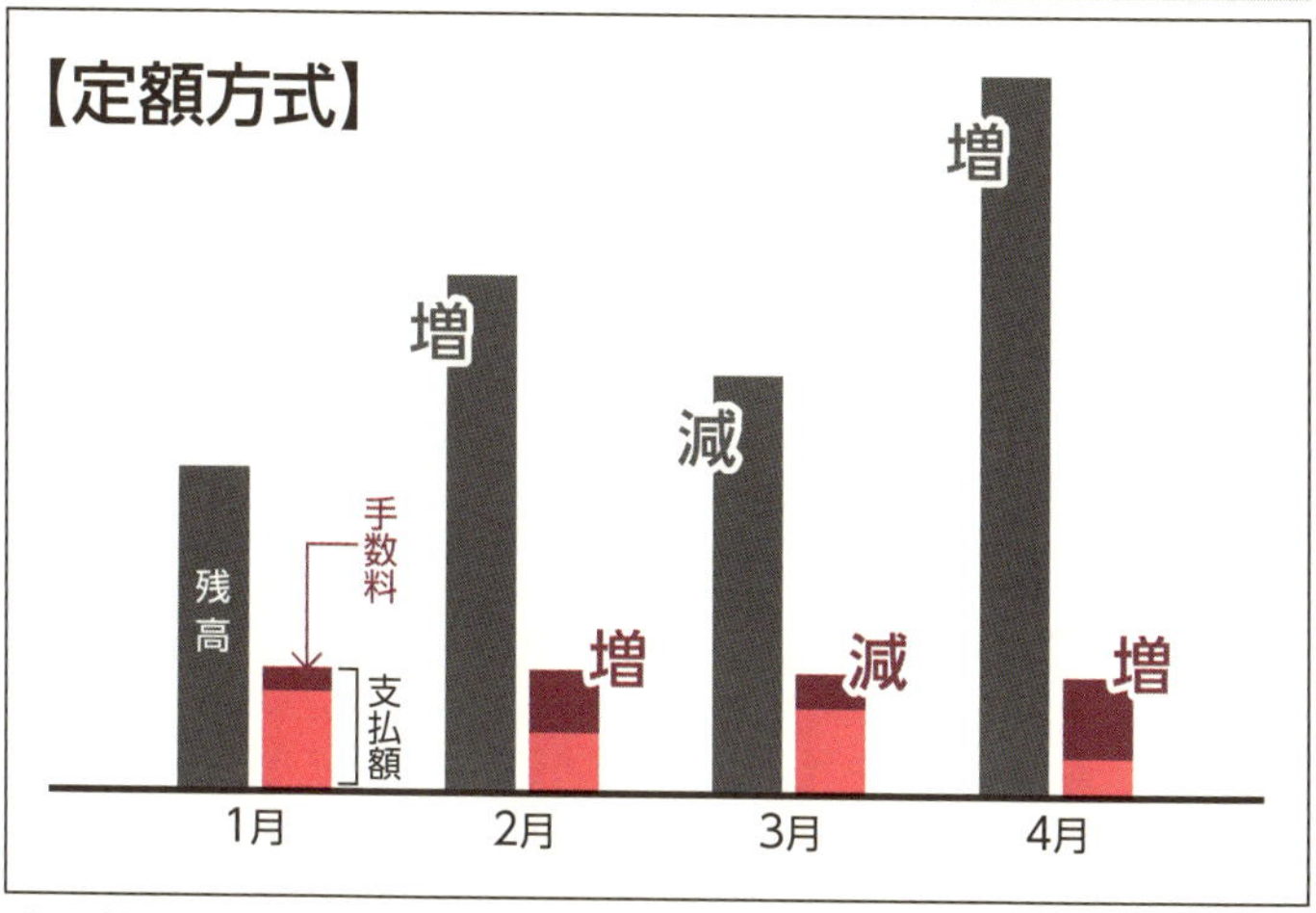

・月々の支払額が定額　・残高により手数料の割合が増減します

リボ払い残高スライド式

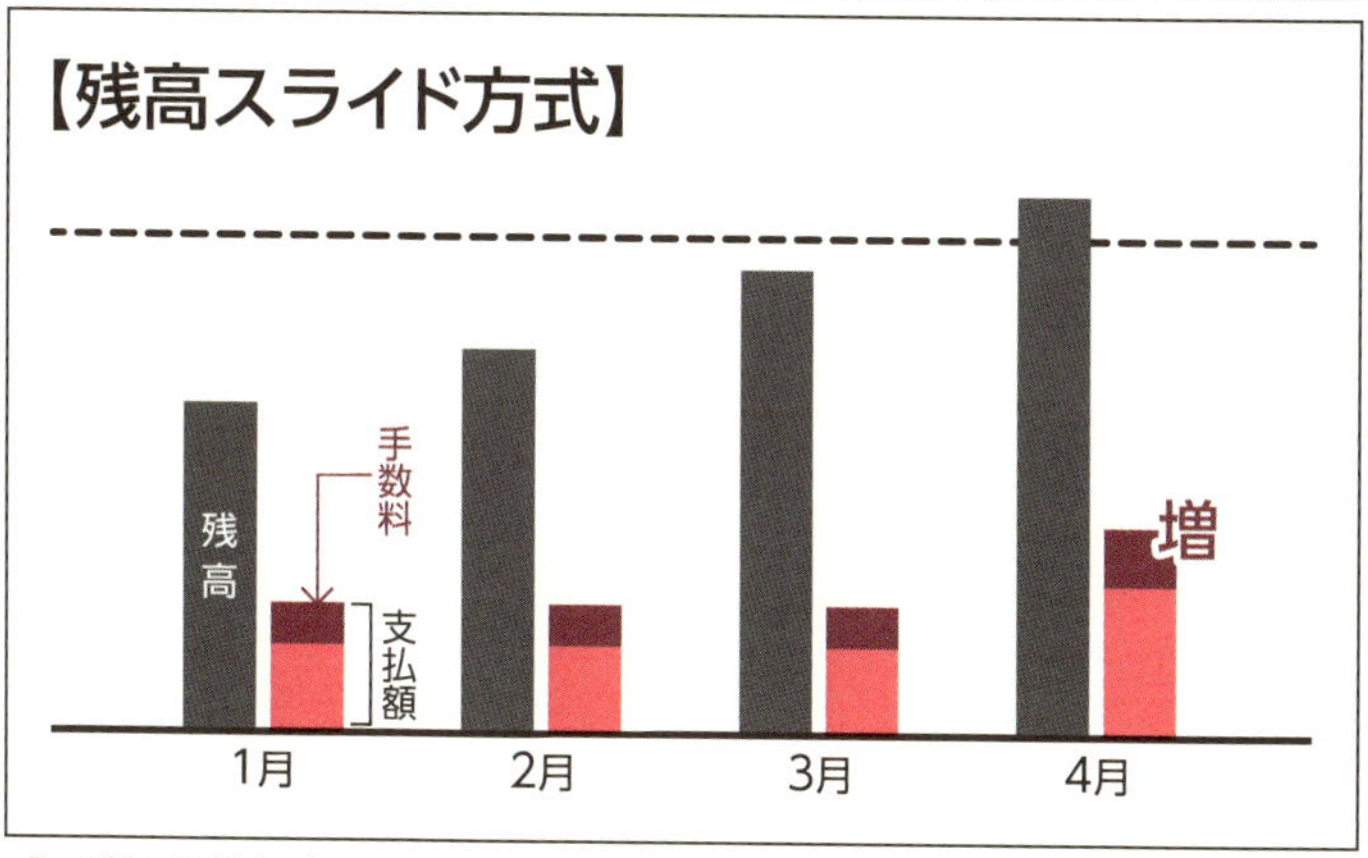

・月々の支払い額が残高に応じてスライドします

定額式で10万円を借りた場合の支払い額

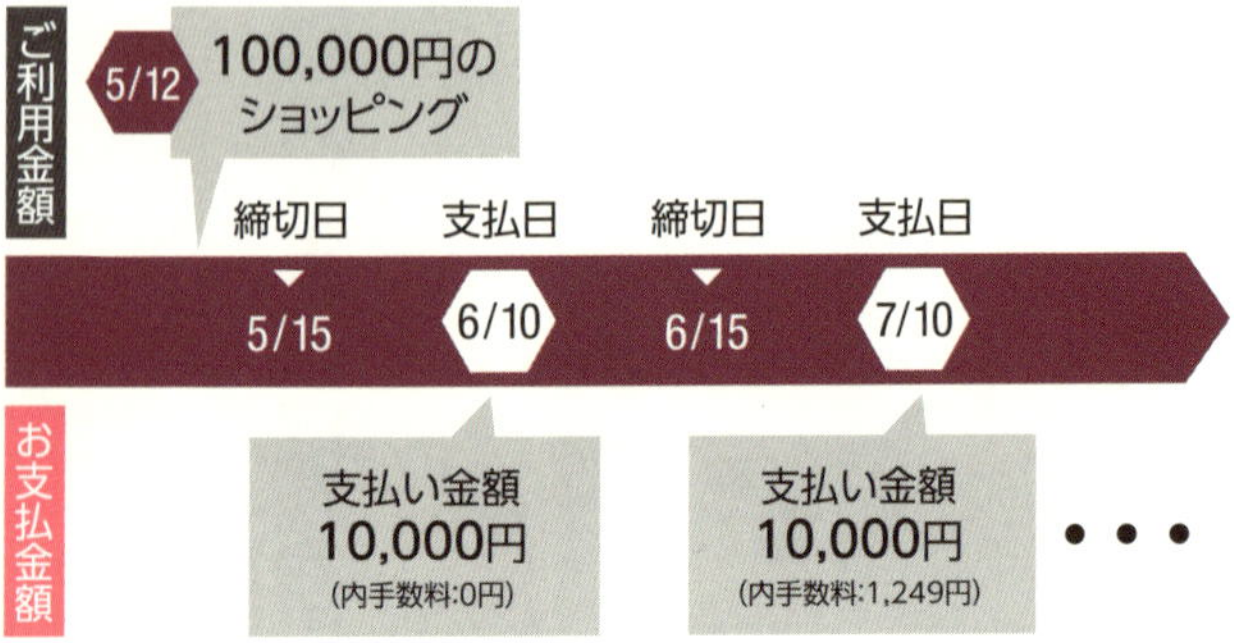
ご利用金額
5/12
100,000円の
ショッピング
締切日
5/15
支払日
6/10
締切日
6/15
支払日
7/10
お支払金額
支払い金額
10,000円
(内手数料:0円)
支払い金額
10,000円
(内手数料:1,249円)
• • •

支払い日	6月10日	7月10日
支払い回数	1回目	2回目
支払い金額	10,000円	10,000円
元　金	10,000円	8,751円
手数料	0円	1,249円(*1)
支払い後残高	90,000円	81,249円

*1 手数料計算方法:[100,000円×25日(5／16〜6／9)+90,000円×6日(6／10〜6／15)]÷365日×15.00%=1,249円
※手数料を計算する元金の金額単位は100円単位となります。

第3条 キャッシングはダメ！

クレジットカードには、現金を借りられる機能がついています。それを使って借金をすることを「キャッシング」といいます。

クレジットカード払いとは、カード会社にお金を借りて買い物をすることですが、キャッシングはカード会社からお金を借りることです。

返済方式は翌月1回払いやリボ払いが選べます。リボ払いについては前項で説明したとおりです。

キャッシングは急に手元に現金が必要になったときに便利で、お給料前に現金が必要になったとき、ついつい1万円、2万円と借りてしまう人も多いと思いますが、カード払いとの大きな違いをいうと、カードの1回払いは手数料無料ですが、キャッシングは必ず金利手数料が発生します。

金利は「年○〜○％」と幅を持たせているケースが多く、最高の金利は18％です。こちらもリボ払いの金利同様に年利（1年間お金を借りたときに発生する利子（手数料）の割合）となっています。

キャッシングの利子は、次の計算式で求めることができます。

毎月いくらの利子を払うのかわかります。

「借入額」×「年利」×「30（日）」÷「365（日）」＝月々の利子

手早く金利計算をしたい場合は、キャッシングの計算シミュレーターを使ってみましょう。キャッシングカードローンシミュレーション「@ローン計算」（https://www.loankeisan.com）などがあります。

やはりダラダラと借り続けていると金利がかさんでいきますから、借りたらすぐ返すのが鉄則ですし、緊急の出費に備えた貯金をしておくことで、そもそも借りなくてすみます。

年利18%のキャッシングをした場合

- 1万円を1カ月借りる：150円の金利手数料
- 10万円を1カ月借りる：1,500円の金利手数料
- 50万円を1カ月借りる：7,500円の金利手数料
- 1万円を1年間借りっぱなしにする：1,800円の金利手数料
- 10万円を1年間借りっぱなしにする：1万8,000円の金利手数料
- 50万円を1年間借りっぱなしにする：9万円の金利手数料

※実際には1年間借りっぱなしにすることはできません。返済を求められます

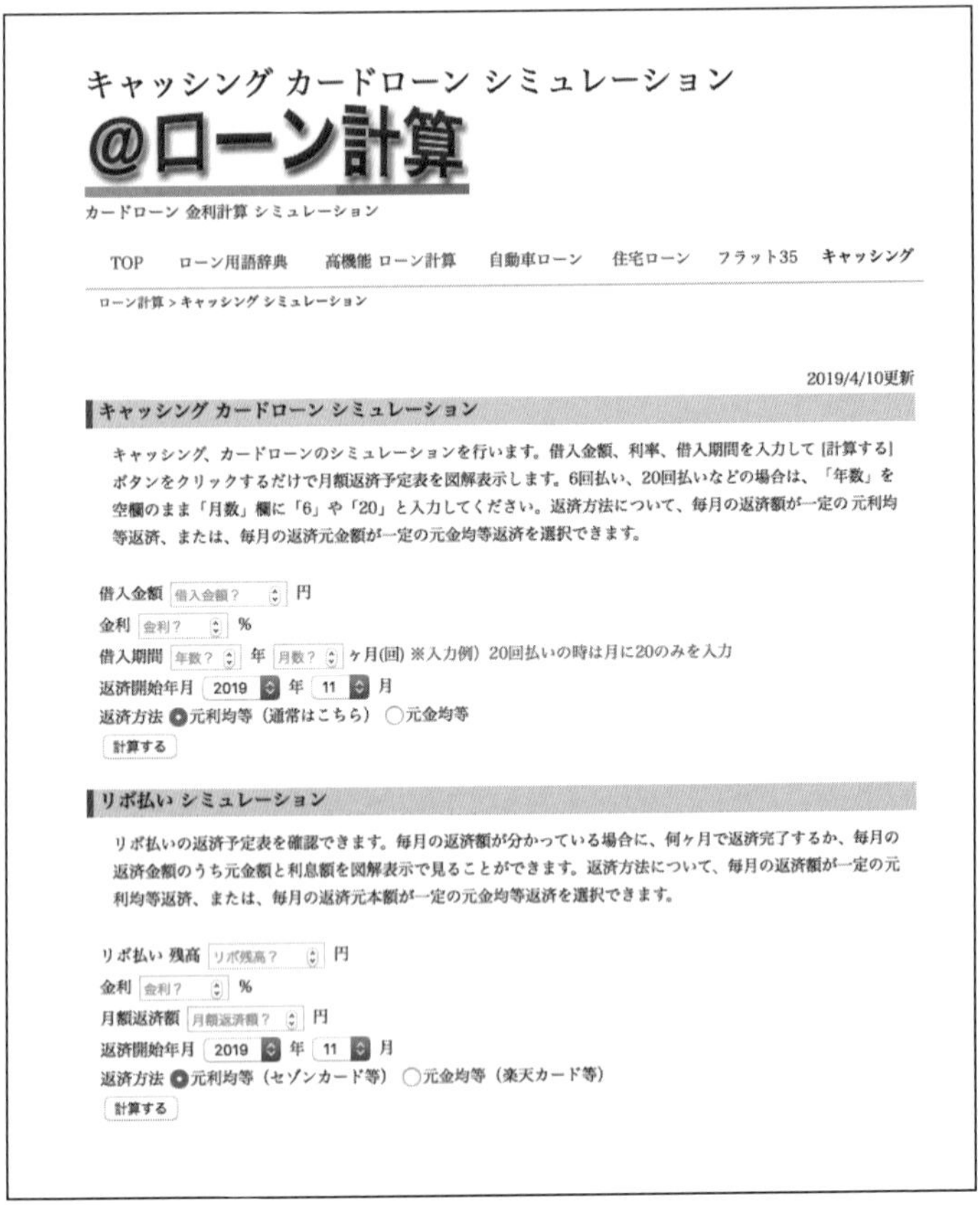
キャッシング カードローン シミュレーション
@ローン計算
カードローン 金利計算 シミュレーション
TOP ローン用語辞典 高機能 ローン計算 自動車ローン 住宅ローン フラット35 キャッシング
ローン計算 > キャッシング シミュレーション
2019/4/10更新
キャッシング カードローン シミュレーション
キャッシング、カードローンのシミュレーションを行います。借入金額、利率、借入期間を入力して［計算する］ボタンをクリックするだけで月額返済予定表を図解表示します。6回払い、20回払いなどの場合は、「年数」を空欄のまま「月数」欄に「6」や「20」と入力してください。返済方法について、毎月の返済額が一定の元利均等返済、または、毎月の返済元金額が一定の元金均等返済を選択できます。
借入金額 借入金額？ 円
金利 金利？ %
借入期間 年数？ 年 月数？ ヶ月(回) ※入力例）20回払いの時は月に20のみを入力
返済開始年月 2019 年 11 月
返済方法 元利均等（通常はこちら） 元金均等
計算する
リボ払い シミュレーション
リボ払いの返済予定表を確認できます。毎月の返済額が分かっている場合に、何ヶ月で返済完了するか、毎月の返済金額のうち元金額と利息額を図解表示で見ることができます。返済方法について、毎月の返済額が一定の元利均等返済、または、毎月の返済元本額が一定の元金均等返済を選択できます。
リボ払い 残高 リボ残高？ 円
金利 金利？ %
月額返済額 月額返済額？ 円
返済開始年月 2019 年 11 月
返済方法 元利均等（セゾンカード等） 元金均等（楽天カード等）
計算する

「@ローン計算」（https://www.loankeisan.com）

第4条 衝動買いはダメ！

これはアパレルメーカーに勤める友人から聞いた話ですが、昔のバーゲンセールといえば、ボーナスが支給される夏と冬の年2回しかありませんでした。

私たちの親世代の人たちは、DCブランド（デザイナーズキャラクターブランド）のブームを経験しています。DCブランドはハイブランドほど高くはないですが、ZARA、H&M、ユニクロなどのファストファッションから比べるとケタが1つ違ったそうです。

普段なら数万円する服が、この年2回のバーゲンセールでは半額で買えるとあって、人が殺到したといいます。

それが今では、季節ごとに30％オフから大きければ70％オフといったセールを年に何度も行う傾向にあるようです。

もとの値段が8000円や1万2000円など、それほど高額ではない商品だと、お買い得な気がしてうっかりと買ってしまいます。

今のお客さんはお店の前を通りがかって値札を見て、「安いな」と感じたら買うそうで、そこには「バーゲンだ。よし買いに行くぞ！」という意気込みはありません。

私自身もバーゲンセールは嫌いではないですが、そんな中途半端な気持ちで買うのはあまり良くない気がします。

「これが欲しい！」という強い欲求があって買うのならまだしも、「とりあえず安いから買っておこう」と、さして欲しくもない服を衝動買いしてしまって、結局まったく着ることもなくシーズンを逃してしまった……ということになりかねません。


そんな安価な服を山ほど買って、クローゼットがいっぱいになっていませんか？

広い実家住まいならまだしも、狭いワンルームの一人暮らしであれば、着ない服のために家賃の一部を払っているようなものです。もったいないと思いませんか？

私自身、ブランド品が大好きで高価な服や靴やバックも持っていますが、「持っていることで自分の気分が高まるもの」「長く大切に使っていきたいもの」「修理しながら長く使いたいもの」という気持ちで選んでいます。

安いバックをたくさん買うより、良いものを一つだけ持つ……そんな感覚です。

衝動買いではなくて、自分が「これから先長い年月使いたい、絶対に欲しい！」と思えるものを、しっかりお金を貯めて買いましょう。

第5条 会社は簡単に辞めちゃダメ！

もしもあなたが正社員で、毎日のように満員電車に揺られて通勤する苦痛を味わっているとしましょう。

仕事にやりがいを感じないし、先輩との関係もイマイチで上司は怖い。これといった親しい友人がいるわけでもなく、つまらない……。

それでも会社に勤めていれば決まったお給料はもらえます。

本来なら、それ相応の成果を出さなければいけないのですが、若いということは、まだ勉強期間です。自分が学びながら、教えてもらいながらお金をもらえるのですから、これほどお得な話はありません。

まだ一人前の仕事ができなくても、上司や先輩たちから見守ってもらえるのが、20代前半の新入社員の特権ともいえます。それを「仕事がつまらないから」という理由で辞めるのはもったいない気がします。

あなたが20万円のお給料をもらっているのなら、会社はその倍の社会保険料を支払っている現実をご存知ですか？

そして、簡単に解雇できません。あなたが想像している以上に、会社員は手厚く守られる権利があるのです。

ですから簡単に仕事を辞めるべきではないのです。

たとえ、いずれ辞めるにしても、できれば3年は勤めるのがいいと思います。職業にもよるので一概には言えませんが、最低3年間は勤めると、職場で一人前になったと認められるように感じます。

そうすれば、転職にも有利に働きます。また、同じ職種で転職をすれば、それはキャリアにしやすいです。


3年経理をやって、違う会社でも3年経理を務めたら、それは6年のキャリアになります。

しかし、これが1年未満であれば、とうてい自信を持って前職のことを語ることなどできないでしょう。たとえばアパレル業界で1年だけ働き、次に飲食業界でも会社を1年で辞めていたら何もスキルは積み上がりません。

できるだけ効率よくスキルアップするのなら、1つの業界に絞ったほうがいいでしょう。そうやって考えていくと、簡単に会社を辞めないほうがよくなります。

1年未満で辞めてしまう
短期で辞めて別業種に転職してもキャリアにはならない…
お給料も低いまま…
まずは3年がんばる！
3年経つと一人前（プロ）になれる
同業種への転職はキャリアになる
キャリアアップでお給料もアップ！

第2章

貯金のルール

今すぐできること

なるべく現金を使わない

この章では、貯金ができる生活に切り替えていくためのルールをお伝えします。読んですぐ実践できる簡単なことばかりです。ぜひチャレンジしてください。

まず提案するのは「なるべく現金を使わないこと」です。

節約の本では使い過ぎを防ぐために、「なるべく現金で支払いましょう」と書いてある場合が多いですが、私の意見はまったく逆です。

お金の動きを把握するためには、なるべく現金を使わないほうがわかりやすいと考えています。

なぜなら現金を使った履歴は残らないですが、現金以外の支払いはすべて履歴が残るからです。

では、どのような支払い方法がオススメなのかといえば、クレジットカード払いをはじめ、ＰＡＳＭＯ・Ｓｕｉｃａといった交通系ＩＣカードです。

ＰａｙＰａｙ（ペイペイ）・ＬＩＮＥ Ｐａｙ（ラインペイ）といったＱＲコード決済サー

ビスも使える店が増えました。クレジットカード払いはできないけれど、交通系ICカード払いができたり、QRコード決済サービスに対応しているお店もあります。

なおQRコード決済サービスのなかには、ポイントがたくさんつくキャンペーンを行っているものもありますので、チェックしてみてください。

また、消費税10％への引き上げと同じタイミングに、政府によるポイント還元制度がスタートしました。これは、キャッシュレス決済時に最大5％分が還元されますので、現金払いに比べてあきらかにお得です。


交通系ICカードもQRコード決済サービスでも、クレジットカードと紐づけができます。つまり、ほとんど支払いをクレジットカード払いに集約できるため、「使用した記録がしっかり残るので管理しやすい」のです。

クレジットカードには明細が付きますので、何にどれくらい使ったのかがわかりやすいですし、ポイントも貯まってお得です。クレジットカードの選び方は、具体的な節約テクニックを紹介する第4章で改めて説明します。

代表的なQRコード決済アプリ

レシートは必ずもらう

続いては、レシートを必ずもらうことです。

どんな支払方法であってもレシートはとっておきましょう。これも何にどれだけのお金を使っているのか把握するためです。

現金払いのときはもちろんのこと、クレジットカードの明細だと、会社名と品番号だけで、具体的にどんな買い物をしたのかわからない場合もあります。

レシートの記録を見れば、いつ・どこのお店で買い物や飲食をしていたのかがすぐわかり備忘録にもなります。

それから、これはお金と関係ありませんが、レシートには電話番号や住所なども書いてありますから、お店に忘れ物をしたときなど電話で確認ができて便利です。

レシート類は「現金払い」「そのほかの支払い」にわけて、封筒や箱などに保管しておき、家計簿をつけるときに使います。

家計簿をつける

1カ月を振り返ったときに、何にいくら使ったのか、思い出すことができますか？記念日だったり特別に遊びに行ったり、イレギュラーな出費であれば覚えているかもしれませんが、毎日の出費は忘れてしまいます。

そこで家計簿をつけて1カ月のお金の流れを把握しましょう。クレジットカードの明細、レシートを利用して家計簿をつけます。

家計簿は市販されている家計簿を使ってもいいですし、普通のノートでも十分です。私は意外とアナログなので、ノートに書いていました。

手書きのほか、家計簿アプリも便利なものが出ていますので、スマホでつけるほうがやりやすいのであれば、家計簿アプリを使っても良いと思います。

人気のあるアプリは「マネーフォワードME」（https://moneyforward.com/）です。コンビニで使った電子マネーも、お買い物で使ったクレジットカードも、お給料が振り込まれた銀行口座も、お金の出入りをこれ1つで管理できるすぐれものです。

生活用や貯金用、いくつもある銀行口座の残高から、クレジットカードの今月の利用額、ポイントやマイルの残高まで資産をまとめて確認できます。おまけにレシートを撮影するだけで、現金支出も入力できる機能がついています。

家計簿のつけ方はざっくりで大丈夫です。というのも、1円単位で支出を管理するというよりは、何をどれくらい使っているか把握するための家計簿なので、そこまで厳密でなくても問題ありません。

書き方は、レシート・クレジットカードの明細から次の項目に振り分けて、それにいくら使ったのか書き出しましょう。

①住居費
②食費
③保険
④通信費
⑤水道光熱費
⑥洋服・美容費
⑦交際費・レジャー費
⑧自己投資費（習い事・本）
⑨その他

「消費」「浪費」「投資」に振り分け

家計簿のつけ方がわかったら、まず3カ月間家計簿をつけてみましょう。

そして、3カ月後に9つの項目にわけた支出項目を、さらに「消費」「浪費」「投資」に振り分けてみてください。

項目をつくって書き出すのが大変であれば、3色のマーカーで色分けしても良いでしょう。

- 消費
- 浪費
- 投資

それぞれ何が該当するのか説明しますね。

まず「消費」は日々生活していくのに必要なものです。女性の場合は、通勤に必要な洋服や最低限のメイク用品も消費に該当します。

(例) 住居費、食費、水道光熱費、通信費、保険費、洋服代、交通費など。

続いて「浪費」は生活に必要のない無駄な出費のこと。
いわゆる「ムダ遣い」を指します。女性に多いのはバーゲンで衝動買いしたけれど一度も着なかった服や、「自分へのご褒美」として買ってしまうぜいたく品や飲食費など。生活に必要でなく、友だちが持っているから……と、欲しくなってしまうものも浪費です。

(例) 衝動買いした洋服、バック、アクセサリー。タバコなどのし好品、ギャンブル、度を超えた買い物など。

最後の「投資」は後々リターンが見込まれる投資のためのお金です。
必ずしも生活に不可欠なものではないけれど、将来の自分にとって有効となりうるお金の使い方が投資です。
たった今、あなたが読んでいるこの本も未来のための投資です。

(例) 習いごと、セミナー受講費、本代など。

　この3つは、さまざまなお金の本に書かれていることですが、自分に当てはめてみた場合、どんなお金の使い方をしているのかはとても大切です。

　同じものにお金を使ったとしても、自分の考え方で「消費」「浪費」「投資」のどれに該当するかが変わります。

　たとえば、外食費も仕事のある日のランチであれば消費ですし、何となく高価な美味しいものを食べるだけであれば浪費です。これが、人脈をつくって情報交換をする……というような会食であれば「投資」といえます。

　同じように1万円を使うにしても、意味のある使い方を心がければ、生活がどんどん変わっていきます。

家計簿の支出項目を
消費・浪費・投資に
振り分けてみましょう

貯金ができる理想のバランスを知る

振り分けたところで家計を見直します。順番は次のようになります。

- 「今がどのような状態か」を知る
- 減らせる項目を洗い出す
- 実際にカットしていく

具体的な節約テクニックは第4章で解説しますが、基本的には現状の割合を計算して、その後に理想の支出バランスとなるように削れる項目をチェックします。

それは、ただ何となく使うお金を減らすだけでは長続きしないからです。できるだけ「浪費」をなくして、次に「消費」を見直して削ります。そして投資への割合を増やしましょう。

カットの仕方も浪費の項目を大きく削り、消費の項目を細かく削っていくのが現実的です。コストカットの提案を次のページに図にまとめましたので参考にしてください。
そうして理想の支出の割合に近づけていきます。

理想の「支出」の比率とは？
消費：70％
浪費：5％
投資：25％

ちなみに私は、次につながることには惜しみなく投資しますが、そうでなければいくら周りにケチと思われようが気にせず、しっかり財布の紐を締めるようになりました。
投資になる意味のあるお金の使い方をしたときは、使った分以上のお金が巡り巡って返ってきていると思います。

「浪費」と「消費」をコストカット

銀行ATMの時間外手料

110円×月4回

お金の引き出しはまとめて!

昼食後にカフェで飲むお茶・コーヒー代

500円×月12回

コーヒー付ランチにするか会社に戻ってから飲もう

終電に乗り遅れたときのタクシー代

5,000円×月1回

必ず終電に間に合うように帰ろう

外出時に買うペットボトル

160円×月8回

マイボトルを持参しましょう

お付き合いだけの女子会や飲み会

5,000円×月2回

目的もなくダラダラ飲食するのは時間もお金も無駄!

つい買ってしまうゲームや音楽のダウンロード

200円×月10回

課金アプリはスマホに入れない

2年前に契約したままの携帯電話

月1万円

大手キャリアから格安SIMに変えれば3分の1になる

バーゲンで衝動買いして結局ほとんど着ない服

4,000円×月2回

手持ちの服を把握して必要な服だけ買うべし

なんと合計 月42,720円の節約

年間だと**512,540円**貯金ができる

コラム①

結婚にはなるべくお金をかけない

結婚情報メディア「ゼクシィ」（https://zexy.net）の調査によれば、挙式・披露宴の費用は全国で平均約３５７・５万円（２０１８年、全国平均データ）だそうです。詳しくは53ページの表をご覧ください。

それ以外に結納や婚約指輪など婚約関連の費用の相場は１６５万円。新婚旅行やお土産物代などの式後にかかる費用の相場が73万円。引っ越しや家具家電など新生活にかかる費用の相場が72万円となっています。

これらの費用をどのようにまかなっているのかといえば、結婚準備期間の２人の貯蓄額が平均３１７・２万円。ご祝儀の平均２３２・８万円、親からの援助が平均１９５・１万円。さらに、職場や組合などからのお祝い金をいただくこともあるようです。

これらの「入ってくるお金」がトータルでどれくらいかを算出して、２人の貯蓄と合わせた額が結婚費用の予算目安になります。

「ゼクシィ」によると8割のカップルが親から援助を受けているそうです。私の感覚では、親からお金を借りてまで結婚式を行うのは抵抗があります。

ただし、親の事情（会社経営をしている、親せきが厳しい）で結婚式をあげてほしいと言われることもあるでしょう。その場合は親の援助を得てもいいのかなと思います。

私のような20代女子が言っても説得力はないかもしれませんが、結婚はゴールではなくてスタートなので、最初にすべてのお金を使ってしまうのは現実的ではないように感じます。

今は価値観が多様になっています。

結婚式・披露宴をせずに写真だけを撮る「フォトウェディング」も人気です。フォトウェディングには「スタジオ撮影」と「ロケーション撮影」がありますが、数万円から20万円程度の予算で行えます。

そのほかアットホームな結婚式にも人気があり、家族だけの少人数の式をするカップルも増えてきているようです。招待客が少ないほど予算も少なくなりますし、手間もかからなくなります。

少人数挙式といえば「海外リゾートウエディング」も根強い人気です。アジアのリゾートは低予算で、ハワイやヨーロッパは安くはありませんが、新婚旅行を兼ねると思えば、費用対効果は良いかもしれません。

結婚式・披露宴はお互いの家族の意見もありますが、「必ずこうでなければいけない」といったルールもないはずです。

一生に一度だから……とすべての希望を盛り込んではお金がいくらあっても足りません。

２人が大切にしたい部分をしっかりと話し合って、「ここだけは譲れない！」というところに絞ってお金をかけるようにしましょう。いろいろな情報を調べて納得できる式を行えるのが理想だと思います。

結婚式にかかる費用 …………………… 平均357.5万円

＜内訳の一例＞

挙式 平均33.4万円

挙式スタイルや生演奏など演出内容次第で価格が変化。

料理・飲物 平均122.2万円

ひとり当たりの平均は1.9万円。料理はフルコースのフレンチが人気。

スナップ写真 平均22.4万円

デジタル撮影でアルバム製本とCDをもらうケースが増加。
カット数は300〜400枚ぐらいが多い。

ビデオ・DVD 平均19.7万円

撮影の範囲、編集内容などで料金が変化。挙式中はプロ以外撮影NGの会場もあるので確認を。

引出物・引菓子 引出物ひとりあたり平均5,400円
引菓子ひとりあたり平均1,300円

ゲストの年齢・性別、想像されるご祝儀の額などで品物の内容や金額を贈り分けるのが主流。

衣裳 新婦:ウェディングドレス27.1万円 新婦:カラードレス24.1万円
新郎17.1万円

新婦の衣裳総数は2着が61.2%で最多。新郎の最多は1着で46.0%だが2着も45.8%にのぼる。

別撮りのスタジオ撮影 平均15.9万円

新郎新婦のツーショットや、親・親族との集合写真などの撮影料金。焼き増し料は含まれない。

装花 平均17.2万円

花材やボリュームで料金は大きく変化。基本プランに含まれるのは卓上花のみの場合が多い。

出典:「結婚のお金」基礎知識(ゼクシィ)
https://zexy.net/mar/manual/kiso_okane/chapter1.html

第3章

人生のお金ルール

知っておきたいこと

一人暮らしVS実家暮らし

私は貯金をはじめようと決意したとき、一人暮らしをやめて実家に戻りました。

一人暮らしをすると引っ越し代から家具家電といった初期費用に、家賃・光熱費といった月々のコストが家計を圧迫します。

ですから多少の交通費がかかったり、食費として、いくらかのお金を実家に入れたりしても、家族といっしょに暮らしているほうが節約しやすいはずです。

そうはいっても、仕事の都合で一人暮らしをしなければいけない場合もあるでしょう。

ここでは、一人暮らしと実家暮らしのメリット・デメリットを確認しながら、そのうえで、どのように節約をしていけばよいのかを考えましょう。

○一人暮らしのメリット

実家から自立できて、親から干渉されなくても済みます。そもそも実家から勤務先が離れていれば、その近くに住まなければ通えません。

一人暮らしをすると自分のペースで生活ができますし、時間が自由に使えるようになります。お金の使い方も工夫をしなくてはいけないため、やりくり上手になれます。

○一人暮らしのデメリット

家賃や光熱費といった費用が毎月何万円もかかります。

その支払うべきお金のふり分けも自分でしなければいけません。何にいくら使わなければいけないのか、自分でしっかり管理しないと赤字になってしまうからです。

さらに炊事・洗濯・掃除などの家事もしなければいけません。家事と仕事を両立させるのが大変になる場合もあります。部屋が荒れ放題になり、外食ばかりしているとお金が足りなくなりますし、栄養も偏り病気になってしまうリスクもあります。

○実家のメリット

まずお金がかかりません。親が食材を買って食事をつくってくれるので食費が浮きます。光熱費も払わなくて済み、もちろん家賃は要りません。

たとえ食費や光熱費を負担する場合でも数万円程度のケースが多く、一人暮らしよりは断然お得です。

また、万が一に病気やケガをしても親が助けてくれます。淋しがり屋の人なら家に帰ると家族がいるのでホッとします。

○実家のデメリット

生活のリズムを家族に合わせなければいけません。たとえばお風呂に入るタイミングや洗面所を使いたいときなど、親兄弟が先に入ってしまい使えないこともあります。

生活態度について親から小言を受けることもあります。親がかりで食事をつくってもらったり、身の回りの世話をしてもらっていると、いつまでたっても自立できません。これが20代の前半ならともかく、30代、40代になっても同じ生活をくり返しているようでは問題です。

また、職場が遠くなりがちで通勤に不便なこともあります。くわえて家族がいれば恋人や友だちも呼びにくいでしょう。

こうして比べてみれば、実家暮らしのほうが貯金をしやすい環境ではありますが、トータルで考えると、一人暮らしで節約術を身に着けるほうが自分にプラスになる部分も大きいです。

実家暮らしは親に甘えがちなので、負担をかけ過ぎないように家事を手伝ったり、実家にいる分だけ貯金をしやすいのですから、貯金額を多めにするなど、実家暮らしのメリットを最大化しましょう。

一方で、一人暮らしの人は実家暮らしに比べてハンデがある分、生活を工夫していきましょう。限られた収入でやりくりするのは大変ですが、それがマスターできれば一生役に立つスキルです。

一人暮らし
VS
実家暮らし
一人暮らしは貯金するのが大変。でも、やりくり上手になれて自立できる
実家暮らしは貯金環境が◎
でも、ついつい親に甘えがち…
うーむ

一人暮らしのネックは家賃

まず、無理なく支払える家賃の基準として「収入の3分の1」という目安があります。年収300万円で月の手取り収入が20万円であれば、約6・7万円台の家賃の部屋に住むということです。

これは、私から見るとバランスが悪く見えます。私も東京で一人暮らしの経験がありますが、家賃のほかにかかる費用がいろいろとあるからです。

仮に家賃が6万円として、それにくわえて水道光熱費に1万円程度かかります。その内訳は電気代で5000円、ガス代が3000円、水道代2000円です。

もちろん猛暑にエアコンをフル稼働すれば、電気代も跳ね上がります。それからインターネットの料金です。スマホの契約とは別に、家にインターネットを引くと5000円くらい別途でかかります。

さらに引っ越しの契約時に支払うものとして、不動産会社への手数料、火災保険料や保証会社の手数料などを含めて考えると、給与に占める住まいのための費用は30％どころではなく、40～50％近くまで跳ね上がります。

それ以外に食費や交際費、髪のカット代や化粧品といった美容費、トイレットペーパーや歯磨き粉、洗剤などの日用雑貨を積み上げていけば、給料で赤字が出ないようにするのが精一杯……とても貯金ができる余裕などありません。

ですから、まずは家賃を収入の20％程度、光熱費なども含めて居住費トータルで30％程度を目標とします。

地方であれば比較的に家賃が低くなりますから、4万円内の予算で物件を探してみましょう。

東京23区や大規模な都市で家賃相場が高いエリアであれば、シェアハウスも検討してください。その場合は、共益費を含めて6万円程度が予算となります。

シェアハウスには家具が最初から付いていますし、光熱費・通信費などがまとめて1万円程度に設定されています。

共有部には鍋や食器、電子レンジなどが共有のキッチンに備え付けられており、洗剤やトイレットペーパーも施設側で提供するケースが多いです。

なによりシェアハウスは初期費用が安いです。

初期費用の内訳はシェアハウスによって変わりますが、仲介手数料・敷金・礼金といったものはなく、デポジットと最初の月の家賃を支払うことで入居できるのが一般的です。デポジットとは保証金のようなもので、シェアハウスによって全額返金・一部返金・返金なしの3種類があります。基本的にシェアハウスのデポジットは2～3万円前後が多いです。

65ページの図で確認いただきたいのですが、初期費用はマンション・アパートなどに比べて大幅にシェアハウスのほうが安く、月々の支払いのなかに光熱費やスマホ以外の通信費が含まれていることを考えれば、マンション・アパートに比べて1.5万円程度は安く住める計算となります。

もちろん、必ずしもシェアハウスに住まなくても大丈夫です。狭い部屋の共同生活がストレスになる場合もあります。

1年間と期限を決めて、ある程度のお金が貯まるまではシェアハウスで暮らし、貯金ができたら引っ越すと決めてもいいでしょう。

また、少しばかり交通費はかかっても、10分ほど電車で離れるだけで家賃がかなり下がります。もしくは自転車に乗ることを前提に、駅からあえて遠い物件を選んでも家賃が下

アパート・マンションの月々の支払い事例

家賃6万円＋共益費3,000円＋光熱費1万円＋インターネット5,000円＝計**7万8,000円**

家賃5万円＋共益費（光熱費・インターネット含む）1万円＝計**6万円**

その差は**1万8,000円！**

がります。

職場から電車で10分・15分・20分と通勤時間を設定して、円を描くように街をセレクトして家賃相場を調べてみましょう。各駅停車の15分、急行電車の15分でも家賃相場が変わります。

上手に選べば同じ通勤時間でも家賃が1万円以上も変わることがあります。

一人暮らしでも工夫して居住費を下げてみましょう。

アパート・マンションの初期費用

敷金	60,000円
礼金	60,000円
仲介手数料	40,000円
前家賃	60,000円
火災保険料	15,000円
引越し代	35,000円
家具家電の購入	100,000円
合　計	370,000円

シェアハウスの初期費用

初月家賃	50,000円
デポジット	60,000円
共益費（光熱費・通信費含む）	4,000円
合　計	90,000円

口座は「3つ」に分ける

ただ漠然と「お金を貯めたい」と思っているだけでは貯金はできません。貯めるための仕組みづくりが必要です。

その仕組みとして、銀行口座を目的別に3つにわけてみましょう。

○お財布口座

さまざまなお金が出入りする通常のメイン口座です。たとえばクレジットカードや家賃、水道光熱費の引き落とし。また、お給料の振込など、日常生活の収入と支出があるお財布的な口座です。この通帳を見るだけでほぼお金の流れが管理できます。

○貯金口座

これは貯金専門で、とにかくひたすら入金するだけの口座です。

貯金を続けるコツは、給料をもらったら使う前に取りわけること。会社員なら財形貯蓄や　社内預金がオススメです（詳細は72ページ参照）。

そうした制度がない場合は、銀行の自動積み立て定期を使いましょう。給与が振り込まれる口座から、決まった日に決まった額を、定期預金に振り替えて積み立てます。その場合は、お財布口座に定期をセットして、お金がある程度貯まったら貯金口座に取りわけます。さらに貯金口座にあるお金は、ただ貯めるだけでなく目的をつくってあげましょう。そして目的がなければ使わないのがルールです。

そのため、目的別の定期をつくるのもオススメです。

たとえば車を持っている人は「車検費用」。実家が遠方で年に2度の帰省をするなら「帰省費用」。友だちと海外旅行に行く予定を立てているのであれば「旅行費用」、冠婚葬祭や、何かトラブルが起こったときの「緊急費用」を貯めておきます。

目的がある費用は、その予算を立てて無理のない範囲で貯めます。「緊急費用」は給料1カ月分を目安に貯めましょう。

○投資口座

これからお金を貯める人なら作らなくてもいいでしょう。そのうち貯金口座にお金が貯まってきたら「緊急資金」「目的資金」とは別に、「投資用資金」を貯めて、その分を投資用口座に取りわけます。

生活や貯金の口座とは完全に切り放して、「お金を増やすためのお金の口座」としての位置付けです。

これらの3つの口座には、それぞれお金が入っていますが、意味合いがまったく違います。お財布口座は流動的な資金の口座。貯金口座はお金をプールしますが、目的にわけて貯めます。投資用口座はいってみれば「余剰資金」の口座です。

くわしくは第4章で解説しますが、お金にお金を稼がせるためには、そのお金を投資する必要があります。

そして「投資」には少なからずリスクがあります。ですから、「なくても生活できるお金=余剰金」で行うのが前提となります。

3つの口座でお金を貯める仕組みづくり
日常のお金が出入りするメイン口座
お財布口座
目的に合わせてお金を貯める口座
貯金口座
貯めたお金を殖やすための口座
投資口座
まずはお財布口座と貯金口座をつくろう!

会社の福利厚生はスゴイ！

自分が勤めている会社の「福利厚生」について考えたことがありますか？

福利厚生とは、「自社の従業員に対して通常の賃金・給与にプラスして支給する非金銭報酬」のことです。

従業員というのは正社員だけでなく契約社員・パートタイマー・アルバイトも含みますし、また多くの会社は、福利厚生の対象を従業員だけでなく、その配偶者や家族を含めています。

ですから正社員でない人はもちろんのこと、実家で暮らしている人はご家族の勤める会社についてもチェックしてみましょう。

福利厚生には「法定福利厚生」「法定外福利厚生」の2種類があります。

「法定福利厚生」は「法律で義務付けられた福利厚生」です。社会保険料3種類、労働保険料2種類、子ども・子育て拠出金1種類の6種類があり、会社と従業員で折半するものと、会社のみが負担するものがあります。

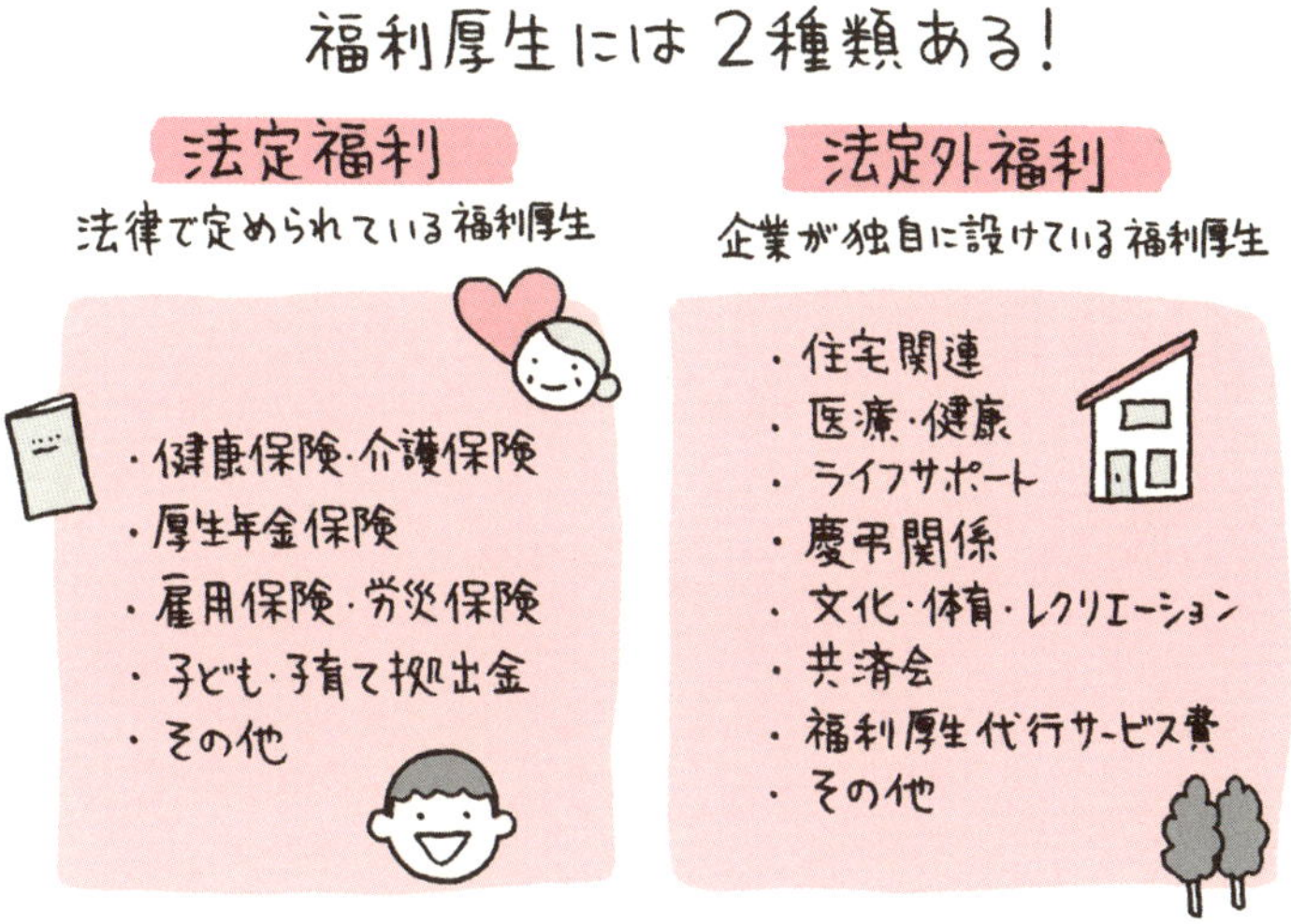
福利厚生には2種類ある!
法定福利
法律で定められている福利厚生
・健康保険・介護保険
・厚生年金保険
・雇用保険・労災保険
・子ども・子育て拠出金
・その他
法定外福利
企業が独自に設けている福利厚生
・住宅関連
・医療・健康
・ライフサポート
・慶弔関係
・文化・体育・レクリエーション
・共済会
・福利厚生代行サービス費
・その他

「法定外福利厚生」は、「法律に関係なく会社が独自に定める福利厚生のこと」です。

たとえば住宅手当は法定外福利となり、その手当のある会社があれば、ない会社もあります。

住宅手当として月3万円が出るのなら、事実上その分の支出が減ります。

また、法定外福利厚生には財産形成のサポートもあります。

自社株・財形貯蓄・社内預金は、一般の金融機関に比べて金利が高いですし、給与からの天引きとなるため積立預金がしやすいです。

会社でできる！財産形成

自社株積立

自社の株を給料天引で毎月一定額（1万円ずつなど）買う仕組み。会社から補助金や5～10％の奨励金をつけるケースも多い

財形貯蓄

給料から天引で提携金融機関に積立て。残高に応じて「住宅融資」などが受けられる

社内預金

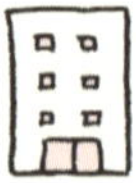

給料から天引で社内預金として積立て。会社が管理して利息をつけて運用

この「法定外福利厚生」がどれだけ充実しているかは、家計への影響がとても大きいので要チェックです。

法定外福利厚生には主に7つの種類があります。

・住宅関連（住宅手当・持ち家援助・地方勤務時の家賃補助）
・医療・健康（法定福利厚生以上の健康診断・スポーツクラブ費用の補助）
・ライフサポート（通勤手当・育児・介護休暇の付与・託児施設の提供）
・慶弔関係（負傷・疾病・障害・死亡などに対する給付金・結婚祝金・出産祝金）
・文化・体育・レクリエーション（保養所・社員旅行）
・業務・職場環境関連（社員食堂、食事手当・制服の支給）
・財産形成（持ち株会・財形貯蓄・社内預金）

くわえて法定外福利厚生に関しては、現在、福利厚生代行サービスと契約している会社も多いです。

有名なところでは「ベネフィット・ステーション」（株式会社ベネフィット・ワン）、「福利厚生倶楽部」（株式会社リロクラブ）、「えらべる倶楽部」（ＪＴＢベネフィット株式会社）

があります。
ショッピングから旅行・スポーツ・映画やコンサートの割引チケット、ベビーシッターサービスや家事代行、人間ドック……数え切れないくらいのサービスが提供されています。最大手のベネフィット・ステーションでは、大阪の人気テーマパークＵＳＪの貸し切りなどイベントも開催しています。

私がお得だと思うのはスポーツクラブの法人利用（法人会員の都度利用）です。福利厚生代行サービスでは、たいていの大手スポーツクラブと法人契約がされています。

スポーツクラブは安いところで月会費が数千円ですが、入会金もかかります。さらにプールやスパの設備が充実して、ヨガなどの人気プログラムがあるところでは、月会費１万円以上も珍しくありません。

そうしたクラブでも法人会員であれば、１回千円程度でその都度利用できるため、通いきれる自信のない人は福利厚生代行サービスの法人利用を使うのがオススメです。

前述したとおり自分自身ではなく、家族の会社の福利厚生サービスも使えますので、どのようなサービスがあるのか把握しておけば、「消費」だけでなく「浪費」「投資」の部分で節約につながります。

得する確定申告

確定申告とは、毎年1月から12月までの1年間の収入から経費を差し引いた、1年間の所得と納税額を確定して税務署に申告することです。

ただし会社員をしていると確定申告には縁がありません。

それというのも給与を受け取る都度、税金が引かれる「源泉徴収」と、会社が窓口となって行う「年末調整」によって年間の所得税が確定するからです。

しかし、会社員でも確定申告を求められる場合と、したほうがよい場合が存在します。場合によっては税金を払い過ぎているため、確定申告をすれば税金が還付されることもあります。

会社員でも確定申告をしたほうがいい主なケースとして次があげられます。該当する人は税務署に電話をして確認しましょう。無料でアドバイスが受けられます。

・医療費を多く払った

・年の途中で会社を退職してほかに収入がない
・年末調整で控除書類を提出できなかった
・年末調整後に結婚した
・ふるさと納税をした
・住宅ローンを組んだ
・家を売って損をした
・株式投資で損をした

ここまでは払ったほうが良いケース（税金が還付される可能性があるケース）でしたが、しなくてはいけない場合もあります。いくつかありますが、代表的なものに次があります。

・給与が2000万円を超えている
・副業、株式投資などをしている
・不動産投資をしている
・2カ所以上から給与を得ており、その所得が20万円を超える給与2000万円というのは現実的ではありませんが、副業や投資はぜひ行ってほしいことです。

金額にもよりますが、給与収入以外の収入を得たときは確定申告を意識してください。

ふるさと納税はお得♪

地方で生まれた人は、その自治体から医療や教育といったさまざまな住民サービスを受けて育ちます。

やがて進学や就職を機に生活の場を都会に移し、引っ越した先で納税を行います。

その結果、都会の自治体は税収を得ますが、自分が生まれ育った故郷の自治体には税収が入りません。

そこで、「今は都会に住んでいても、自分を育んでくれた「ふるさと」に、自分の意思で、いくらかでも納税できる制度があっても良いのではないか」（出典：「ふるさと納税研究会」報告書ＰＤＦ）、そんな問題提起からはじまって、数多くの議論や検討を経て生まれたのが、ふるさと納税制度だそうです。

「ふるさと」とはいいますが、納税は、自分の生まれ故郷以外も対象となります。

「納税」といっても実際には各自治体への「寄附」です。自分の選んだ自治体に寄附（ふるさと納税）を行った場合に、寄附額のうち2000円を越える部分について、所得税と住民税から原則として全額が控除されます（一定の上限はあります）。

年収、扶養家族の有無など、その人によって全額控除が行える金額が変わりますので、必ず確認してからはじめましょう。

次ページにふるさと納税の仕組みと、ふるさと納税を行う方の給与収入別の全額控除される、ふるさと納税額（上限額）の目安を紹介していますので参考にしてください。

なお、ふるさと納税で、税金の控除を受けるためには手続が必要です。

原則はふるさと納税をした翌年に確定申告を行いますが、確定申告の不要な給与所得者であれば、ふるさと納税先の自治体数が5団体以内まで、ふるさと納税を行った各自治体に申請することで確定申告が不要になります。これは「ふるさと納税ワンストップ特例制度」という制度です。

ふるさと納税の仕組み

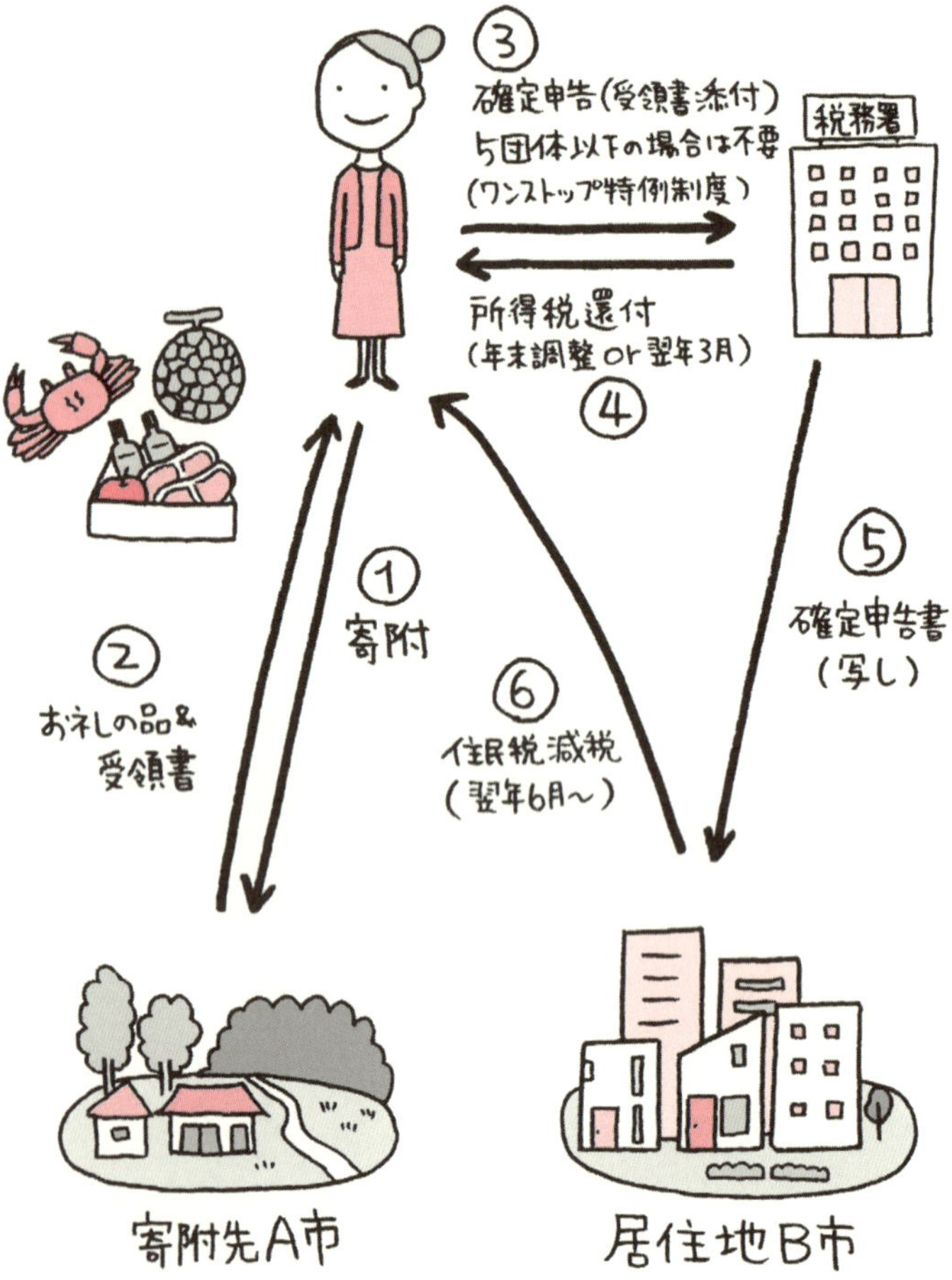

③
確定申告(受領書添付)
5団体以下の場合は不要
(ワンストップ特例制度)
税務署
所得税還付
(年末調整 or 翌年3月)
④
①
寄附
②
おれしの品&
受領書
⑤
確定申告書
(写し)
⑥
住民税減税
(翌年6月~)
寄附先A市
居住地B市

全額控除されるふるさと納税額（上限額）の目安

ふるさと納税を行う方本人の給与収入	独身または共働き
300万円	28,000円
325万円	31,000円
350万円	34,000円
375万円	38,000円
400万円	42,000円
425万円	45,000円
450万円	52,000円
475万円	56,000円
500万円	61,000円

出典：総務省ふるさと納税ポータルサイト「ふるさと納税の仕組み」より一部抜粋
http://www.soumu.go.jp/main_sosiki/jichi_zeisei/czaisei/czaisei_seido/furusato/mechanism/deduction.html

コラム②

「専業主婦」はリスク!?

女性のあこがれの職業の一つとして「専業主婦」があげられます。

私のまわりでは専業主婦になりたいとあこがれる人もいますが、生活の充実感を求めて、結局働いている人が多い印象です。

また、専業主婦にあこがれるのには「家庭に入りたい」という希望ではなくて、「(大変だから)仕事をしたくないから」「(したくても)仕事を続けられないから」という人のほうが多いような気もします。

結局のところ、主婦願望は「意欲はあっても、女性が働き続けるのが難しい社会」「女性に優しくない社会」なのが大きな理由なのかもしれません。

仕事をしながら子育てするママさんは、とても大変そうです。

それでも、会社の福利厚生がきちんと整っていれば、1年から2年間ほど産休や育休をとることができますが、そのような前例のない中小企業や派遣社員などの非正規社員であれば、子育てと仕事の両立は物理的に難しいでしょう。

もしくは、ママの実家が近所にあって親から手助けを受けられるのも育児においては大きなメリットです。それがなければ保育園に頼るしかありません。

都会では保育園に預けるのが難しく、病気や看護などを除き「夫婦がフルタイムで働く」のが基本条件という自治体もあります。そうなるとパートタイムや求職中の女性は子どもを預けるのが難しいですし、募集条件の厳しくない無認可の保育園では保育料が高くなって、パート勤めでは採算が合いません。

そうした結果、「中途半端に働くよりは家にいて、主婦をしているほうが良い」という判断になっていくのではないでしょうか。

最低でも小学校にあがるまでは子どもに手がかかりますし、学校に行っている間の数時間だけのパートをするママさんも多いと思います。

ここで現実を見てみましょう。

自分の両親の時代はパパの「一馬力」だけでも十分に生活できました。マイホームを買ったり子どもの教育資金を捻出したり、まだ老後の年金もあてになっていた時代です。

しかし今は違います。平均的なサラリーマンの収入でマイホームを買うのは難しいでしょう。

子どもを中学校から私立に通わせるとなると多額の費用がかかります。私立に通わせないまでも、習いごとや部活などを希望どおりにさせてあげることにも費用がかかります。

もちろん、お金は生活費や教育費だけではありません。

ゆくゆくは親の介護の費用、自分たちの老後費用を考えると、女性が主婦になってお金を稼ぐことからリタイヤしてしまうのは大きなリスクです。

かといって夫婦でフルタイムで働き続けるのも、環境が恵まれれば良いのですが難しい部分はあります。

私の考えは女性も自立すべきですが、働き方は自分のペースで選べるのが理想だと思っています。

自分が働いて稼ぐのには限界があります。お金がお金を生み出す仕組み（ビジネス）をつくり、自分はそのコントロール（経営）を行うのがベストです。本書にはそのための方法を提案しています。

第4章

貯金を殖やすための7つのテクニック

テクニック1

自家用車の見直し

地方にお住まいなら車は必需品かもしれません。

しかし、首都圏や地方でも車をあまり使わなくて生活ができるような地域にお住まいの方は、バスや電車といった公共の交通機関や自転車で生活ができないか見直してみましょう。

車の維持費はガソリン・駐車場・オイル代・洗車・自動車税・任意保険・車検費などで年間約50万円もかかります。

車の使用頻度が限られていれば、タクシー・レンタカー・カーシェアリングなども検討します。

タクシーは贅沢に思えるかもしれませんが、週に1回乗るくらいなら、自家用車よりも圧倒的にタクシーのほうが安くなります。

1回につき3000円分乗ったとしても、月にして1万2000円です。すると年間で14万4000円。タクシー以外で月に1万円の交通費がかかるとすれば、15万4000円になります。

もしくは、必要なときだけ車を借りるのであれば、短時間利用でカーシェアリング、6時間以上でレンタカーというのが一般的です。

カーシェアリングとは会員間で車を共有して、好きなときに借りられるサービスです。15分程度の単位から車を借りられるため、短時間・高頻度で車を使いたい人に向いているシステムです。

車は高価な買い物です！

貯金して新車を買おう♪
車購入費 200万円
維持費 50万円/年
10年後
合計費用 700万円
200万円の車
車を持たずレンタカーを使おう
レンタカー利用費 1万円
月2回で年24回
10年後
合計費用 240万円

テクニック2 車を安く購入するコツ

車がなくては生活できないようであれば、なるべく安くて燃費のよい車を買います。購入時の注意点をいえば、ローンを使って買ってはいけません。

マイカーローンの金利は低ければ1%台ですが、高いと4~5%です。どちらにしても金利を計算すると、本体価格より高くなってしまいますから、現金で安い車を買うことが基本です。

買い方のコツは予算を決めて、その予算に見合った車を探すことです。また、新車に比べて中古車のほうが圧倒的に安く買えます。

安い車を購入する方法はいろいろあります。中古車専門の販売会社もありますし、個人間売買やヤフオクでも購入ができます。

安さだけではなく質も求める場合は、ディーラーやレンタカー会社がいいそうです。その理由は、ディーラーもレンタカー会社も、定期的に点検や整備をしているからです。

ディーラーの場合、車検時に貸し出す車を常にキープしていますから、定期的に車を買い替えています。レンタカー会社も同じで、貸している車を定期的に買い替えています。そのため、手入れの行き届いた中古車を購入することができます。

購入するタイミングは、車に限らず家電製品でも同じですが、3月と9月末の決算月は値引き率が高くなる傾向にあります。


どうしても新車が欲しい場合は、未使用車（登録済み未使用車・届出済み未使用車）を購入する手があります。登録済みのため書類上は中古車ですが、未使用のため車は新しいのです。


メリットは新車よりも安いこと。また新車よりも納車が早いです。

中古車の場合は成約してから点検をするため、必然的に時間がかかります。また新車であっても、生産工場から出荷するのを待たなければいけないので時間がかかります。その点で新古車は早く納入されます。

未使用車のデメリットは在庫があって買うものですから、豊富な種類から選べるわけではなく現存する車しか買えません。それと新車のようにオプションが付けられません。

くわえて書類上は中古車であることから、買った瞬間に「2オーナー車」になります。そのため売却するには、新車で購入した車より安くしなければ売れない可能性があります。

テクニック３
スマホ代を半額以下に！

今やスマホは生活に欠かせない必需品です。スマホ代は通信費となり、必ず使う費用ということで「消費」の項目になります。

かつてケータイといえば、ドコモ・ａｕ・ソフトバンクといった大手キャリアを使うことが一般的でしたが、今やコスパを考えると格安ＳＩＭが圧倒的にお得です。

格安ＳＩＭを簡単に説明すると、スマホや携帯、タブレットなどのモバイル端末でデータ通信や音声通話を行うために必要な、ＩＣカード「ＳＩＭカード」を使った低価格な通信・通話サービスのことです。

大手キャリアは自社回線を持っていますが、格安ＳＩＭの会社は大手キャリアの設備を一部借りてサービスを提供するため、安い通話料金・通信料金を実現できるのです。

ＳＩＭカードには、音声通話ができる「音声通話ＳＩＭ」、データ通信専用の「データＳＩＭ」の２種類があります。スマホで使うのは「音声通話ＳＩＭ」です。

キャリアから格安ＳＩＭに乗り換える際に、ＭＮＰ制度（ナンバーポータビリティ）を利用することで、電話番号はそのままで、月額1万円だったものを３０００円程度まで抑えられる可能性があります。

格安ＳＩＭはたくさんありますが、その時々で料金プランやお得なキャンペーンが変わります。

「価格コム」(https://kakaku.com/) の「格安ＳＩＭ比較」などをチェックするのがオススメです。「価格コム」では29社のランキングがあり、プランの比較ができます。

また格安ＳＩＭを使うには、利用するＳＩＭカードに合ったＳＩＭフリーのスマホが必要です。

ＳＩＭフリーとは､どの通信事業者でも使える「ロックがかかっていない状態」のことで、大手キャリアで購入したスマホでも一定の条件はあるものの、ＳＩＭロックを解除して使えるケースもあります。その場合、手持ちのスマホが使えるので機種代がかかりません。

もちろん「ＳＩＭフリーのスマホ」も売られています。

こちらも格安ＳＩＭと同様にたくさんの種類があるため、「価格コム」などのランキングを参考にします。

直接説明を聞きたい人は、大手家電量販店やスマホショップで購入するのも良いでしょう。

なお通信料は圧倒的に安くなる格安ＳＩＭですが、通話料金については一定の制限があります。

たとえば無料通話（毎回5分までなど）を超えて使用するような場合、大手キャリアのかけ放題プランのほうがお得になるケースもありますので、通話の多い人は必ず、格安ＳＩＭと大手キャリアのプランを比較しましょう。

テクニック4

ＡＴＭの手数料を0円に！

コンビニを使わないようにするのと同じくらいやめたほうがよいのは、「ＡＴＭの出金手数料の支払い」です。

ＡＴＭはコンビニに留まらず、駅の改札を出てすぐのところに設置されていたり、地方ですとショッピングモールにもあり便利です。

今は銀行で預金をおろすより、近隣にあるＡＴＭを利用している人のほうが圧倒的に多いことでしょう。

平日の夕方以降や土日の週末、もしくは自分の利用している銀行ではないＡＴＭでお金をおろすと手数料が引かれます。

その金額は１回につき１１０円（２２０円や３３０円の場合もあります）とバカになりません。

平日と週末に、他行のＡＴＭで時間外にそれぞれ2回お金を引き出すと、月に８８０円の手数料がかかり、年間にすれば1万円以上になります。

ですからＡＴＭでこまめにお金をおろさず、ある程度金額をまとめておろすか、ＡＴＭ出金手数料のかからない銀行を利用するようにしましょう。

また旅行先なら、ゆうちょ銀行のＡＴＭも使えます。コンビニのないような地方でも郵便局は必ずあります。

ゆうちょ銀行のキャッシュカード・通帳でゆうちょＡＴＭを利用する場合は、曜日・時間帯にかかわらず利用手数料はかかりません。

次にＡＴＭ出金手数料無料の銀行を紹介します。

注意点ですが、その銀行におけるステータスによって無料の回数や金額が変わってくるケースが多いです。

くわえて銀行のサービスはずっと同じではなく変わっていくものです。ここに掲載するのは、２０１９年10月時点のＡＴＭ出金手数料が無料の銀行です。

お得なATM手数料

SBJ銀行

セブンイレブン・ミニストップ（イオン銀行）　→　ATM出金手数料がいつでも何回でも無料
ファミリーマート（E-net）　→　最低でも月10回まで無料
ローソン　→　取り扱いなし

※「SBJプレミアクラブ」のステータスによって無料出金回数が異なります。

東京スター銀行

セブンイレブン・ローソン・ファミリーマート（E-net）・ミニストップ（イオン銀行）　→　月8回までなら無条件で無料。9回目以降は100～200円（税抜き）

ジャパンネット銀行

セブンイレブン・ローソン・ファミリーマート（E-net）　→　1回3万円以上の入出金なら、24時間365日、何回でも無料。3万円未満は月1回まで無料、2回目以降は150円（税抜き）。

テクニック５
生命保険は掛け捨てがマスト

すでに保険に入っている人は、保障内容の見直しをしてみましょう。

今、何に備えなければならないのかをよく考えて、最低限必要な保障に絞ります。

たとえば、独身なのに多額の死亡保険金が受け取れる保険に入っていないでしょうか？ 遺された家族を養わなければならないケースでもない限り、高額な生命保険は必要ありません。掛け捨ての医療保険で十分です。


保険は大きくわけると、掛捨て型と積立型があり、それぞれに特徴があります。

掛捨て型は、満期や途中解約でお金が戻ってくるものではなく、払ったらそのまま２度と戻ってきません。「捨てている」ということから「掛捨て」と表されています。

お金がなくなって損をしている気がするけれど、その掛け金に対して戻しがない分だけ、コストが低く価格が安いのです。


積立型についてはオススメしません。

何年かごとに給付金がある保険は、貯金ができているような気もしますが、その分を貯めているだけで本当のボーナスではなく、掛け捨ての保険に貯金部分を上乗せしているだけです。

払ったお金をもらっているだけとなるため、それならストレートに貯金をしたほうがいいでしょう。貯金は貯金、投資は投資、保険は保険にわけたほうが賢明です。

また、日本には高額医療保険制度があります。ある一定以上の医療費がかかった場合はお金が返ってきますし、確定申告で所得税から控除をすることもできます。

キャッシュ・イズ・キングという言葉があるように、いざ病気になったら現金のあるほうが一番助かるのです。

つまり最低限の保障を掛けたうえで、現金を持っておくのが正しい選択です。全労済、都民共済、県民共済なら月額2000円から加入できます。そして、結婚や出産など大きなライフイベントごとに見直せば十分だと思います。

テクニック6
クレジットカードは最大3枚まで！

第2章の冒頭でも述べましたが、日々の支払いには「現金よりもクレジットカード」を使いましょう。

ポイントを貯めることもできますし、何よりカードでの買い物は明細が発行されるので、家計の管理がしやすくなるメリットもあります。

すごく基本的なことですが、一人暮らしの人は水道光熱費をコンビニで現金で支払うのはやめましょう。

基本的に口座引落としに対して割引があります。また、クレジットカード払いにすればカードのポイントがつきます。

クレジットカードの選び方ですが、自分のライフスタイルを基準にします。

ネットショッピングをよくする人、首都圏に住んでいて電車移動が多い人、近所にあるイオンやドンキホーテをよく使うなどなど。普段の生活のなかでの行動範囲内にあって、意識しなくてもポイントが貯まることが重要です。

ほかにも選ぶ基準として、年会費の有無やポイントの還元率があります。

たとえば私が使っているビックカメラＳｕｉｃａカードでは、交通系ＩＣカードとしても使えますし、年に1回カードを使用すれば年会費は無料です。

クレジット機能でＳｕｉｃａにチャージ（オートチャージ含む）すると、なんと1・5％もポイントが還元されます。

もちろん、ビックカメラで買い物をしても10％ポイントはつきます。ビックカメラはネット通販もあり、家電だけでなくお酒や雑貨も売っていますから、思っている以上に利用価値があります。


選び方の次は枚数です。

クレジットカードはなるべく少ない枚数がよいのですが、日常的に使っているお店やサービス、ポイント還元などにより、1枚だけに絞るのは難しいものです。

そこでクレジットカードは最大3枚までと決めて選びましょう。

大きくわけるとメインカード、サブカードの2枚で、プラスアルファでもう1枚です。

インターネット通販をよく使う方は楽天カード、車通勤の方はエネオスなどのガソリン系のクレジットカード、地方の方はイオンカードも比較検討してみましょう。

Suicaへのチャージ（オートチャージ含む）でお得！

1. ビックSuicaカードにSuicaをクレジットチャージすると **1.5％相当** JRE POINTサービス!!

＊モバイルSuicaやビューアルッテでチャージできます。
＊1,000円につき15ポイントのJREPOINTがつきます。

＋

ビックカメラ限定で支払うと10％つく

2. チャージしたSuicaで支払うと 現金払いと同率の **基本10％** ビックポイントサービス

＊Suicaでのお支払いが可能な店舗に限ります。
＊ポイント率は商品・店舗によって異なる場合がございます。

↓

3. 合わせて **11.5％相当** ポイントサービス

＊上記手続を行った場合に限ります。
＊Suicaへのチャージ金額は1回20,000円が上限です。
＊ビックカメラでのお支払いには1回のお会計につき1枚のSuicaのご利用となります。

クレジットカードを選ぶポイントは次の3つです。

○クレジットカードを選ぶポイント
- 使い勝手の良さ
- ポイント還元率
- 年会費の有無

私の場合は電車移動が多いので、前述したビックカメラのSuicaカードをメインカードにしています。これには高還元率と交通系がついています。それからSPGカード、アメックスプラチナカードです。

私は年に1度クレジットカードの見直しをしており、今は海外に行く機会も多いので、この3枚のカードを保有しています。

少ないほどいいので定期的にカードの見直しや、貯まったポイントをどうするのか確認しておきましょう。そのときどきでポイントの還元率は変わりますし、お得なカードも変わってくるからです。

なお、Ｓｕｉｃａなど交通系ＩＣカードを使うときは、オートチャージ機能を使うのが便利です。私は残高が１０００円になったら、クレジットから自動的に３０００円チャージされるようにしています。

駅でチャージをするため券売機に並ぶのは時間のムダですし、こうしたチャージの履歴もショッピングの履歴も、カード明細でしっかり把握できるほうが良いと思います。

そしてもうひとつ、オススメしたいのは「あこがれのカード」を持つことです。

前述したとおり、私はアメックスのプラチナカードを持っていますが、これはプライオリティ・パス付きカードです。

プライオリティ・パスとは、空港ラウンジを使える権利で、世界の１２００の空港ラウンジで無料ＷｉＦｉ、飲み物や軽食などのサービスが受けられます。

ちょっと贅沢かなと思いましたが、私はビジネスで海外に行く機会が多いため、思い切ってこのカードをつくりました。

こうしたカードには、しっかりとした旅行保険も付帯されています。私のカードは海外、国内共に旅行保険の死亡・後遺障害で最大１億円が保障されています。

私の提案は、今すぐこのカードを申し込むということではありません。「プライオリティ・パス付きカードを持つこと」を目標にしてみるのはどうでしょうか？

私が、世界中を旅してまわれるようになりたい……と考えていたのが5年前です。「なりたい自分」を意識して節約をはじめたところから、すべてがスタートしました。読者の皆さんにもそういう意識を持っていただけたらなと思います。

最後に、便利でお得なクレジットカード払いですが注意点もあります。

リボ払いや分割払いを選んでしまうと、金利が高いので損をします（くわしくは第1章で説明しています）。原則は1回払いにしましょう。

あとは10万円以上などの大きな買い物については、きちんと返済できるかを考えてから使いましょう。

クレジットカードの明細はｗｅｂ上で確認ができます。

スクリーンショットで画像として記録しても良いですし、「マネーフォワード」とリンクさせれば、データをエクセルで保存することもできます。

希望すれば紙の明細書も発行してもらえますが、１００円前後の手数料がかかることもあります。

便利でお得なカードを
メイン・サブ・+α
3枚選んで！
選び方のポイント！
・使い勝手の良さ
・ポイントの還元率
・年会費の有無

テクニック7

簡単に収入を増やす方法

支出を削るといっても限界があります。

そこで、収入を増やすことを考えてみましょう。

収入を増やすといってもどこかにアルバイトに行くわけではなく、スキマ時間にお小遣い稼ぎ感覚でできる簡単なものをご紹介します。

ここでは家にある使わないモノを売ってお金に換える方法をお伝えします。。手作り好きな人であれば、自分でつくったアクセサリーなどを販売しても良いでしょう。

○フリマアプリで不用品を売る

フリマとはフリーマーケットの略で、本来であれば公園などでいらないものを個人間で格安で売ります。これがアプリになって家にいながらできるようになりました。

フリマアプリでは「売れないものはない」と言われるくらい、いろんなものを売っています（現金や偽ブランド品、医薬品など出品が禁止されているものもあります）。

誰でも簡単に使えるフリマアプリの代表といえば「メルカリ」(https://www.mercari.com/jp/)です。スマホから誰でも簡単に売り買いが楽しめるフリマアプリです。購入希望者はクレジットカード・キャリア決済・コンビニ・銀行ATMで支払いができ、品物が届いてから出品者に入金される独自システムで安心です。

発送もコンビニで手軽に送れる「らくらくメルカリ便」(ヤマト運輸)「ゆうゆうメルカリ便」(日本郵便)といった匿名発送サービスがあります。

注意点としては、売り手が送料を負担するケースが多く、商品の値段から送料を差し引いても利益が残るのかを考えなくてはいけません。

小さなものなら安く発送できるのですが、大きな商品となると送料がかさむため、「利益がまったく出なかった(泣)」ということになりかねません。

そもそも発送方法の選択肢がたくさんあり過ぎるため、どれが最適なのかがわかりにくいです。「メルカリ 発送法」といったキーワードで検索すると、メルカリの公式ページだけでなく、メルカリ攻略サイトなどに発送方法と送料について詳しく記載されていますので確認しましょう。

そのほか老舗のフリマアプリ「ショッピーズ」(https://shoppies.jp/)、楽天のフリマアプリ「ラクマ(旧フリル)」(https://fril.jp/)などもあります。

○ブランド品を売る

私が利用しているのはブランド宅配買取サービスの「ブランディア」（https://brandear.jp/）で、これは家までダンボールを集荷しに来てくれるので便利です。

そのほか買取専門店では「なんぼや」（https://nanboya.com/）。買取りと小売りを行っている大手には「コメ兵」（http://www.komehyo.co.jp/）、「ブランドオフ」（https://www.brandoff.co.jp/）があります。実店舗もありますが、ＬＩＮＥ査定や宅配買取も可能です。

ブランド品を売るときの注意点としては、高い値段のものほど会社によって査定額が違ってくるため、何社か査定に出してみましょう。また、付属品の有無で査定額が変わることもあるので、付属品の確認もしてください。

自分のものだけでなく、家族の不用品も売ってみましょう。すでに使っていない母親の真珠のネックレスや、着物類なども買取りしてくれる会社がありました。実家の片付けにもなるのでぜひチャレンジしてみてください。

○本を売る

読まなくなった本を売るのも良いでしょう。有名なところでは全国展開している「ブックオフ」（https://www.bookoff.co.jp/）へ持っていくと簡単です。

ブックオフの特徴は本の内容で価値が決まるのではなく、新刊か古いかの基準で買取ります。実店舗のほか宅配買取サービスもしています。

重たい本を売りに行くのは大変なので、宅配買取サービスを利用したいですが、少ない冊数では売れないケースも多いです。

そんなときにオススメなのが、5冊以上から送料無料で買取りしてくれる「Ｖａｂｏｏ（バブー）」（https://www.vaboo.jp/）です。本以外にＣＤ・ＤＶＤ・ゲームも買取りますが雑誌は売れませんのでご注意を！

大学の教科書や専門書、医学書、資格試験、就職試験など教材の買取に特化した宅配買取サービスには「専門書アカデミー」（https://www.academybook.net/）があります。マーカーが引いてあってもＯＫなのは「テキストポン」（https://text-pon.com/）です。大学や短大、専門学校の教科書・専門書・医学書・学術書を扱っています。

○ハンドメイトグッズを売る

自分でつくったアクセサリーやクラフト雑貨、インテリア用品、ベビー・キッズ用品などを売ることもできます。

ハンドメイドの売買する専門のサイトには最大手の「ｍｉｎｎｅ（ミンネ）」（https://minne.com/）、こだわりの作家が多いと言われる「Ｃｒｅｅｍａ（クリーマ）」（https://www.creema.jp/）。また、メジャーなオークションサイトですが、「ヤフオク！」（https://auctions.yahoo.co.jp/ のハンドメイドカテゴリも使いやすいです。

○とにかく急ぎで売りたい

「とにかく急ぎで売りたい！」そんなときにオススメなのは、ＡｍａｚｏｎアカウントＡと連動している宅配買取サービス「リコマース」（https://www.recommerce.co.jp/）です。買取品が多岐にわたっているうえ、１つからでも送料不要で買取可能です。買取金の支払いはＡｍａｚｏｎギフト券なので買取価格に納得すれば、すぐにギフト券が発行されます。その際に銀行口座などの登録はいらないので手軽です。

コラム③

子どもにかかる費用は1人3000万円

ちょっと古い資料なのですが、AIU保険「AIUの現代子育て経済考2005」の発表によると、出産から大学卒業までの22年間における養育費は、約1640万円と試算されています。

教育費はまた別で、文部科学省「子どもの学習費調査（平成24年度）」によれば、ひとりの子どもにかかる教育費（学校教育費、給食費、塾や参考書代など含む）は、幼稚園から高校まで公立の場合で約499万円ほどかかるといわれています。

すべて国公立であっても養育費・教育費を合わせて、もし大学までいったら、2655万円になります。多めに見積もり約3000万円は必要ということです。

たとえば幼稚園から大学まで私立で、大学は私立理系では約２５００万円にもなります。そのほか留学をしたり、医師を目指したりすれば、費用はふくれ上がっていきます。

２０１９年にスタートしたばかりの幼児教育・保育の無償化や、高校の無償化といった国による補助もありますが、その子の進路によってかかるお金は大幅に変わります。子どもが将来どのような進路の希望を持つかはわかりません。

親としては子どもが望むことをしてあげたい……そう思いますが、実現するためにはしっかりと準備をしておく必要がありそうです。

教育資金は必要な時期がはっきりとしていますから、目的別の貯金はしやすいです。また、教育といえば学資保険がメジャーですが、学資保険の投資効率はそこまで良いものではありません。投資と貯蓄のバランスを考えて、別に運用するほうが良いでしょう。

出産から大学卒業まで22年間の養育費

出産・育児費用	約91万円
子どもの食費	約671万円
子どもの医療費	約141万円
子どもの保健医療・理美容費	約193万円
子どものおこづかい額	約451万円
子どもの私的所有物代	約93万円
合計	約1,640万円

出典:AIU保険「AIUの現代子育て経済考2005」

幼稚園(3歳)から高校卒業まで15年間の学費(単位:円)

区　分	幼稚園	小学校	中学校	高　校	合　計
すべて公立	659,363 (公立)	1,829,736 (公立)	1,351,309 (公立)	1,158,863 (公立)	4,999,271
幼稚園だけ私立					5.801,472
高校だけ私立					6,726,606
幼稚園と高校が私立	1,461,564 (私立)	8,538,499 (私立)	3,887,526 (私立)	2,886,198 (私立)	7,528,807
小学校だけ公立					10,065,024
すべて私立					16,773,787

*学習費とは、学校教育費、給食費、学校外活動費(塾や参考書代など)を合計したものを指す。
出典:文部科学省「子どもの学習費調査(平成24年度)」

大学4年間の学費(単位:万円)

	国立 (4年)	私立短大 (2年)	私立文系 (4年)	私立理系 (4年)
入学費用	83.2	78.2	104.3	109.9
在学費用	428	284.4	588	667.6
合　計	511.2	362.6	692.3	787.5

*在学費用とは、授業料、通学費、教科書代などの学校教育費とおけいこごとなどの家庭教育費を合計したものを指す。
出典:日本政策金融公庫「教育費負担の実態調査結果(平成26年度)」

第5章

投資をして殖やそう

●3つの能力を育てよう

お金を殖やしていくためには次の3つの能力が不可欠です。

・稼ぐ能力
・貯金の能力
・運用する能力

この3つの力をこれから少しずつ身に付けていきましょう。

子どものころは、お金を稼げば稼ぐほど貯まっていくものだと思っていました。ですから自分でお金を稼げるようになると、自然に貯金ができると信じていたのです。

それが大人になると、生活をしていくためには支出が伴うという現実に気づいたのです。支出がある限り、そこをコントロールしなくてはお金が貯まりません。

また、20代前半のうちは稼ぐ能力だけを得られたらいいという考えでした。

お金を稼げばすべて解決すると思っていたのですが、稼いだお金をまず貯金して、その次に運用する能力をしっかり身に付けておかなければ、お金は殖えないのです。

若いうちなら自分で稼ぐ能力も養われますが、そのうち結婚をしたり子どもが生まれたりと、自分の置かれた状況によってそれらが閉ざされる場合もあります。

そんなときこそ、貯金と運用する力が役に立ちます。

ある程度のお金が貯められて、それを運用する力があれば資産は殖えていくものです。いきなり稼ぎ出すことはできないし貯金もできないけれど、時間をかけて積み上げていき、それを投資で運用して大きく殖やしていきましょう。

・稼ぐ能力
・貯金の能力
・運用する能力
少しずつお金の能力を高めていきましょう

●貯金「給料3カ月分」から投資はできる！

第4章までのやり方で、まずは給料の1カ月分の貯金を第1目標とします。準備期間ですぐできることをやりながら、家計簿を3カ月間つけますが、その3カ月間は現状把握と家計の見直しを行います。

次の3カ月で節約を開始して貯金をはじめてみましょう。1カ月でどれくらいの貯金ができるのかがわかれば、あとはひたすら繰り返せばいいわけです。

あなたが実家暮らしなのか、それとも一人暮らしなのか。どこに住んでいるのか、車を持っているのかで貯金額は変わってくると思いますが、1年間で貯金する生活スタイルを身につけ、それを継続すればお金はどんどん貯まっていきます。

できれば1年以内に給料の3カ月分を貯められたらいいでしょう。

給料の3カ月分が貯まったところで投資をスタートさせることができます。

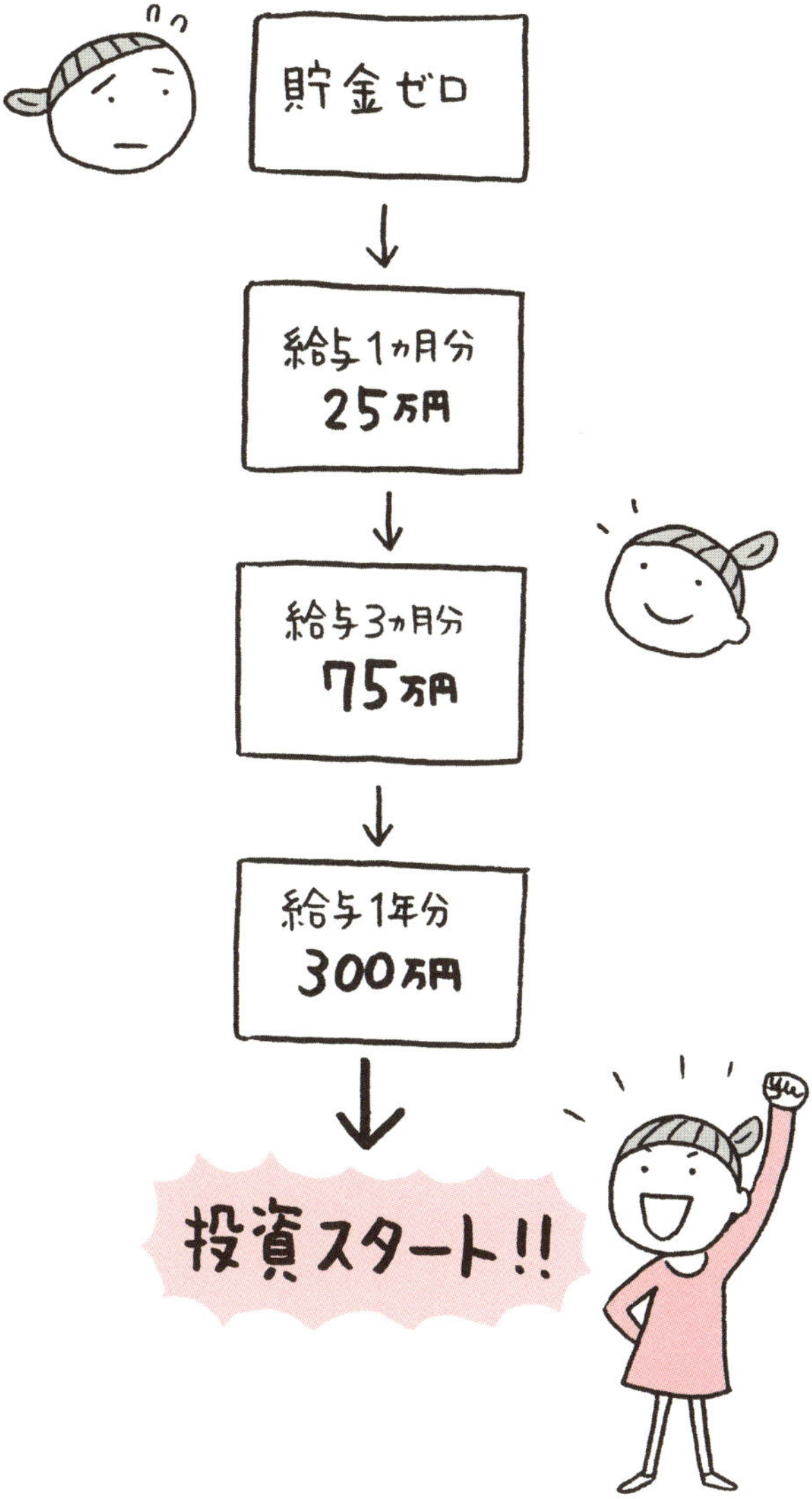
貯金ゼロ
給与1カ月分
25万円
給与3カ月分
75万円
給与1年分
300万円
投資スタート!!

●投資の種類は大まかにこれ！

投資にも株・投資信託・FX・仮想通貨・不動産投資・国債・EFT（上場投資信託）・リートなど、さまざまな種類があり、その時々で流行りすたりがあります。少し前まで仮想通貨が話題でしたし、その前ならFXです。

また、どんな投資であってもメリット・デメリットがあり、投資がうまくいけばお金は増えていきますが、万が一失敗してしまったら、お金を殖やすどころか、どんどん目減りしてしまいます。投資の種類によってはゼロどころかマイナスになる可能性もあるのです。

そのため、投資を行う前にしっかりと勉強してください。「こんなに儲かった！」という話はたくさんありますが、「最悪のケースはどうなのか」を調べてください。

また投資によっては短期間で売買するものもあります。今はスマホがありますから、こまめに値動きをチェックすることは可能ですが、一日中投資のことばかり考えて気が休まらないのも考えものです。

投資期間にも差があるので、それらも踏まえて検討してみましょう。次ページに簡単に特徴をまとめましたのでご確認ください。

株式投資	株価の変動が大きいため、リスクは大きいがリターンも大きい。投資手法は複数あり、株主優待を狙った株式投資も人気がある。
個人向け国債	リスクがほぼなく、安全に資産を増やすことができる。銀行預金より利率が高い。
個人向け社債	リスクが少なく、満期まで保有すれば決まった利息が受け取れる。個人向け国債より利率が高い。
投資信託	投資家から集めたお金をひとつの大きな資金としてまとめ、運用の専門家が株式や債券などに投資・運用する商品で、その運用成果が投資家それぞれの投資額に応じて分配される仕組み。国内・国外問わず多くの金融商品の中から選択可能。
ETF（上場投資信託）	「上場投資信託」の略で、証券取引所で取引されている投資信託。株のように常時売買が可能で、手数料も比較的低め。
不動産投資	収益不動産を購入して賃料で利益を得るほか売却益も狙える。融資を受けられることが特徴で換金性が低い。
REIT（不動産投資信託）	不動産版の投資信託。少額から行える不動産投資。
iDeCo（個人型確定拠出年金）	毎月一定額の拠出を行い、60歳以降に年金や一時金として受け取る制度。国が定めた定期預金・保険・投資信託の中から選べる。
FX（外国為替取引）	外貨を取引すること。差し入れた証拠金の数倍～数十倍の取引を行えることが特徴で大きな損をする可能性もある。
仮想通貨	仮想通貨とは、インターネット上で流通する資産のこと。数年で価値が何倍にもなりえる反面、大きく下落するリスクを持つ。

●オススメは「不動産投資」

たくさんの投資手法があるなかで、私がオススメするのは「不動産投資」です。

ここからは不動産投資とはどのような投資なのか説明しますね。

かつて私は働き出してお金が稼げるようになったとき、タワーマンションに住みたいと憧れていました。そして実際に引っ越そうと計画をしたところ、母から「それはよくない！」と反対されました。

母は私を止めるため、不動産投資のセミナーに連れて行きました。不動産を借りてお金を使うのではなく、買った不動産を他人に貸してお金を稼ぐことができる……。

つまり家を借りる側ではなく、「貸す側＝大家さん」になる発想を学んだのです。

大家さんになって人に部屋を貸すことで、安定的な家賃収入を得ることができます。部屋の管理運営や入居者への対応・集金などは管理会社にまかせられるため、本業のある会社員が副業として行うのにも向いています。

私は不動産投資を知ったときに「こんな投資もあるんだ」とすごく驚きました。そして「ぜひ、挑戦してみたい！」と思いました。

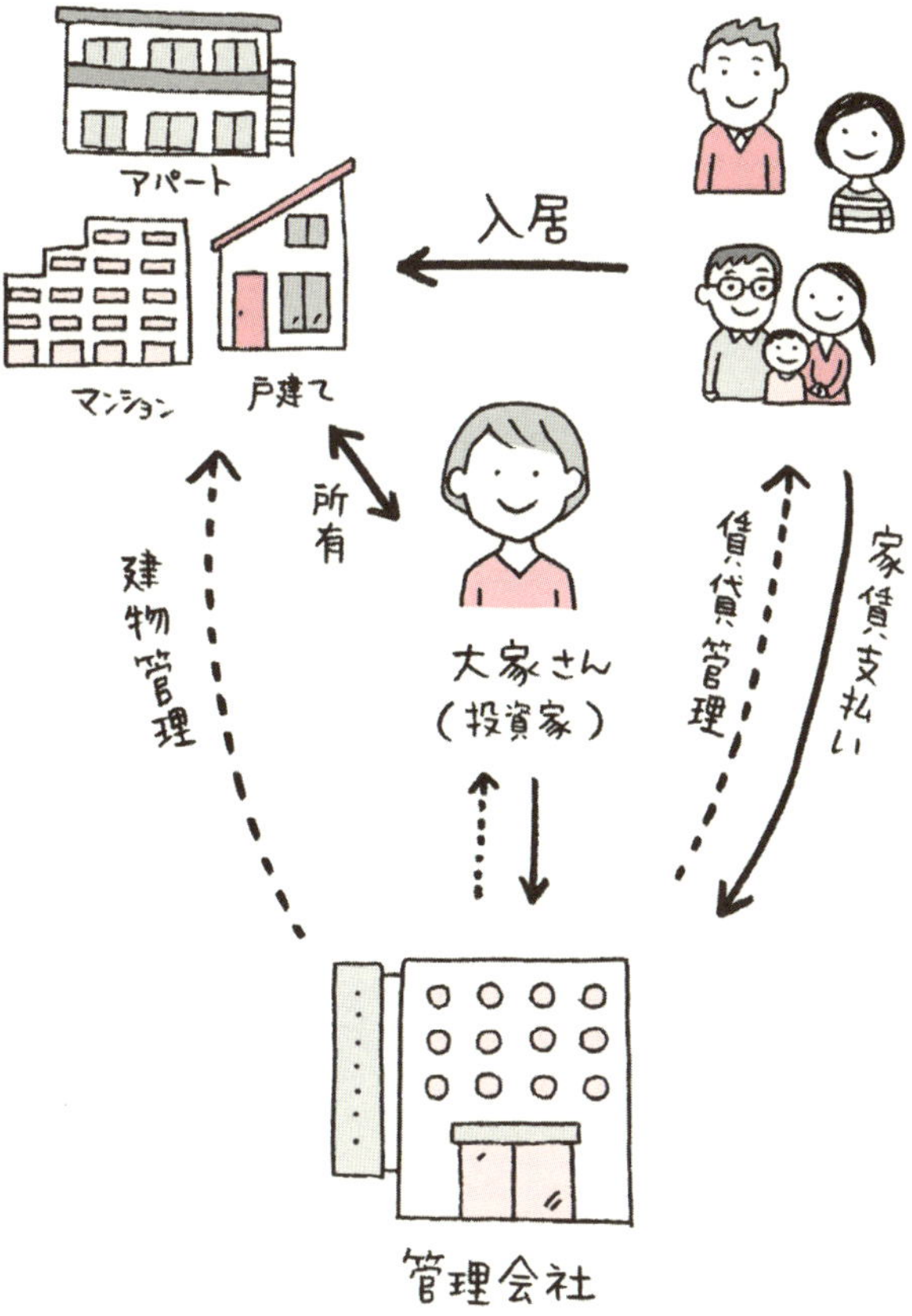
アパート
マンション
戸建て
入居
所有
大家さん
（投資家）
建物管理
賃貸管理
家賃支払い
管理会社

●インカムゲインとキャピタルゲイン

不動産投資には、不動産を所有して運用しているときに入る収入（家賃収入）と、売ったときに得られる収入の２種類があります。

それは「インカムゲイン（運用益）」と「キャピタルゲイン（売却益）」という言い方をされます。

これは株なども同じで、運用益として配当金がありますし、安いときに買って値上がりしたタイミングで売れば売却益が得られます。

ＦＸも同様です。ＦＸでは為替変動を見越して安く買って高く売る、もしくは高いときに売って安く買い戻すことで為替差益を得ることが基本ですが、ポジションを保有して得られるスワップポイントによる利益があります。

「スワップ」とは、２つの通貨を交換するときに生じる金利差調整分のことをいい、ＦＸで得られるインカムゲインです。

株やＦＸは少ないお金でスタートできて、何倍にも儲かる可能性がありますが、一瞬ですべてが無くなるリスクもあります。

その点で不動産は現物ですから、そこまでの乱高下がありません。何倍にも儲かる可能性は低い代わりに、資産価値が紙クズになってしまうリスクも低いのです。

そのため、不動産投資は「ミドルリスク・ミドルリターン」の投資といわれています。私の感覚では「投資」と呼ばれていても、実際には「ビジネス（事業）」という認識があります。

とはいえ、そこまでハードルは高くありません。

そもそもが、お爺ちゃんお婆ちゃんも大家さん業を営んでいるくらいですから、それほど難しいビジネスではないのです。なにより生活に密接していますから、複雑な金融商品と違って、とてもシンプルで理解しやすいものです。

それでは詳しくメリット、デメリットを紹介します。

●不動産投資のメリット

まずは不動産投資のメリットを見てみましょう。

・仕組みが整っている

不動産投資の特徴といえば、古くからあるビジネスということです。日本最古とまでは言わないけれど、古典落語にも大家さんが登場します。少なくとも江戸時代からはあったと思われます。

現在であれば、家賃滞納を回避するための家賃保証会社があったり、火災などの被害には保険でカバーされたりなど、さまざまな仕組みが整っています。これらを利用することにより、会社員など異業種であっても副業としてはじめられます。

・インフレに強い

インフレーション（インフレ）とは、モノやサービスなどの物価が持続的に上昇する経済現象を指します。インフレとなったとき、現金や預貯金などの金融資産は貨幣価値が目減りする可能性があります。

そうした際に不動産であれば、物価の上昇とともに不動産価格も上がっていくため、資産価値が大幅に下落することは考えにくく、家賃も上昇していくことが予想されます。

・安定した収入になる

バブル崩壊など市況によって地価が下落しても、家賃はそこまで下落しません。たとえば株やFXのように、明日から価値がいきなり半値以下になることはありません。

確かに市況の影響を受けて、家賃がじわじわと下がったり、物件がだんだん古くなって、以前の家賃では決まらないケースもあるのですが、急に家賃が半額に下落することはありません。

建物が古くなったら、リフォームをすれば家賃を維持することもできます。それに日本の建築技術は優れているので、ボロボロの家でさえもピカピカに修繕することが可能です。もちろん、それにはお金が必要なのですが、打てる手はいろいろありますし、その修繕費用を銀行で借りて賄うこともできます。

また、安定した収入になるというのは、毎月のように収入の見込みが立つことです。

たとえば、これがカフェやアパレルであれば、「今日はお客さんが来なかった」「バーゲンをしたから今日の売上は半額だった」ということもありますが、不動産に関しては入居している間は家賃が入ってきます。

もちろん退去するリスクはありますが、契約期間が存続している限り、入居している限りは「今月も○○円が入るな」ということがわかりますし、退去すると、「これくらい減るのか」ということも明白です。これは他のビジネスにはないことです。

・裁量権がある

不動産投資には自分の裁量権があります。たとえば株ならリーマンショックやアベノミクスなど、そのときの経済状況が大きく影響して対策の立てようがありません。

しかし不動産の場合、融資などは経済状況に影響されますが、もっと細かな話も多いです。たとえば入居がなかなか決まらないのであれば、「ペット可物件にしよう」「部屋をキレイにリフォームしよう」など、対策の立てようがあります。

株はどんどん市況が下落していったら止めようが全くありません。しかし、そのような経済的な影響に対して、入居率が下がっているときでも、対処のしようがあります。

また、不動産はビジネスとして仕組み化されていますが、その仕組みを外して自分で動くことにより費用を下げられます。たとえば、リフォーム会社に依頼するのではなく、自分の手で直すＤＩＹをやってみる、お掃除も自分でやれば、その分の節約ができるわけです。これもまた不動産投資の特長です。

ですから人によってはＤＩＹや自主管理をしているケースがありますし、さまざまな手配を自分でやる大家さんも世の中にはいます。

逆に、そのようなことを一切やらず、すべて外部発注している人もいます。どちらが「正しい・間違っている」というものではなく、「選べる」というのが最大の魅力です。

・レバレッジがかけられる

「レバレッジ」とはテコの原理のことです。テコの原理は小さな力で大きなものを動かす力です。

つまり、手持ち資金が足りなくても、お金を借りることによって、より大きな不動産を買えます。株やＦＸでもレバレッジはかけられますが、不動産投資では資金調達において、レバレッジがかけられるのが特長となります。

私は70万円の自己資金で、最初の１棟目を２０００万円で買いました。そこから月８万円の利益をもらい、5年後に売ると売却益が700~800万円になりました。

つまり70万円で投資して、700万円を手にしたのです。

さらには運用益として毎月8万円の収益がありました。もちろん、その間に入居者が退去したり、多少のリフォーム費用がかかっています。ですから運用益が100%丸々手に入ったのかというと、そうではなく、それなりにお金は使っていますが、それでも70万円で投資して700万円ものお金になったのは事実です。

これだけの利益を手にするためにはうまく運用する必要がありますし、うまく売らなければいけません。誰にでも簡単にできるものではありませんが、それだけのことができる可能性がある投資です。


レバレッジをかける=借金をすることですから、抵抗があるようならレバレッジをかけない選択もできます。レバレッジは少ない元手で大きく稼げるチャンスです。そのチャンスを使うかどうかを選べられるのですから、怖ければやらなくてもいいだけです。

●不動産投資のデメリット

続いては、不動産投資のデメリットです。

・価格が高い

そもそも不動産は金額が高く簡単には買えません。安いといわれる区分所有マンション（分譲マンションの一室を購入）であっても数百万円はします。

また最大の危険は高買い、つまり物件を高く買ってしまうことです。

高買いすると、購入時点で９割は結論が出てしまいます。とにかく高く買ってしまうと利益が薄くなってしまいますから、高買いしてはいけません。それについては次の「準備編」で詳しく説明します。

・空室リスクがある

みなさんが恐れるものとして、空室が埋まらず稼働できないことです。いろんな計算をして、いろんな指標に基づいて物件を選んだところで、それが実現するのかどうか。つまり入居者が入って、月々の家賃を払ってくれるのかが最大のポイントです。

いくら利回りが高くても、入居者がいなければ全く意味がありません。きちんと入居がつくのか不確定なところがデメリットです。

それに対しては家賃を下げたり、リフォームをしっかり施す、条件を再確認して管理会社さんへお願いすることで対策できます。

日本は少子高齢化でどんどん人が減っていき、空き家が余って社会問題にもなっている状況です。人が住んでおらず荒れ果てた家もたくさんある状況で、大家さんをしても大丈夫なのかという心配があると思います。

その点に対して私の意見をいえば、「商品化されてマーケットに出ていなければ、借りる人はいない」ということです。

統計データのなかには、今すぐ住むことのできないリフォーム前の商品化されていない家も混ざっていますし、空室であっても地主さんの場合は、昔の部屋が足りなかったころの感覚が抜ききれず、家賃を下げないままにしているケースもあります。

とくに地主さんの場合は、素行の悪い入居者や素性の知れぬ人を入居させるくらいなら「空室のままでかまわない」と、長年空室があっても放置しているケースが珍しくありません。

そのように、大家さんがあえて貸そうとも思わない状況の物件も多いですから、本当にちゃんと貸せる状況にしている部屋は、もっと少ないと思います。

また、エリアによっても満室の物件が多いところと、全空（全室が空室）の物件ばかり目立つところがあります。これを「○○市の空室率は○%」と発表されたりします。

実は、○○市の中でも「このエリアは入る」「このエリアは入りづらい」など、これは物件によっても「入る」「入らない」が明確にあります。

必ずうまくいっている大家さんたちはいるけれど、それが数値ではわかりにくくなっています。ですからきちんとマーケティング調査をする必要があります。

周辺にどのような物件があり、どのような条件で募集されているのかはインターネットで簡単に調べられます。

もう少し踏み込んだ調査方法といえば、電話でヒヤリングをする、現地まで足を運んで業者さんから直接お話を聞くなどがあります。パッと見のデータの数値のみで単純に判断してはダメということです。

空室率が高くて人口も減少しているエリアは、とても安い物件が出ます。そこはチャンスとして捉えて、うまくやっている人も大勢います。

その逆で、必ず入りそうな東京の好立地であれば、必然的に物件も高額になりますから、そこで儲けることができるのかという問題があります。

幸運にも安く買えたらリスクを低く抑えられて大丈夫なケースもあります。ところが高く買ってしまうと、絶対に大丈夫な場所でも、そもそも利益が出ません。

現実に東京の新宿区や渋谷区といった一等地で新築ワンルームマンションを買ってしまい、1円も得をしていない人もいます。

その反対に、「え、ここどこなの?」という辺ぴな田舎で、ものすごく利益を出している人もいるわけですから、見た目の印象で判断するのは危険です。

・災害が怖い

これればかりは防ぎ切れません。昨今の異常気象による台風やゲリラ豪雨、竜巻などの震災に対して心配をしている人も多いですが、これらは火災保険でカバーできます。

ただし、保険料はどんどん値上がりしています。しっかりコストとして見込んでおくことでリスクヘッジできます。

・流動性が低い

株やＦＸであれば、止めたくなったらすぐに売って手じまいができます。対して不動産は「今日止めたい！」と思って、翌日に売却することは難しいです。つまり、不動産は流動性が低いのです。

焦って売ろうとすればするほど安く買いたたかれる可能性が高くなり、不動産を売却するには少なくとも何カ月間はかける必要があります。

第6章

3カ月分の給料を貯めたらはじめよう

●不動産投資の勉強

3カ月の給料を貯めたら不動産投資をはじめてみましょう。

まずは最低限知っておかねばならないことを勉強して知識を得ておきます。それには本を読んだり、興味のあるセミナーに参加します。

しかし、今はインターネットで「不動産投資」と検索すると、驚くほど情報が出てきます。Ａｍａｚｏｎを見ても山ほどの不動産投資に関する本があり、勉強するにも何から手を出せばよいのやら、わからないくらいの情報があふれ返っています。

まず、本やセミナーなどのネット情報でも、「これを発信しているのは誰なのか？」ということを慎重に確認してください。はたしてそれは大家さんがやっているのか、それとも不動産業者さんが主宰しているのか？

「不動産業者さんだからダメ！」というわけでもないのですが、不動産業者さんにもいろんなタイプがいて、良心的な業者さんがいれば、悪徳で強引な業者さんもいます。

買ったところで全く儲からない物件を売っている業者さんまで玉石混合なのですが、これら良し悪しを初心者の段階では判断ができません。

とりあえず業者さんが主宰するセミナー、もしくは書籍を参考にするのは除外しておきましょう。

もちろん業者さんの書いた本でも良質な本はたくさんありますから、すべて読んではダメというわけではありません。ある程度、冊数を読んで基礎知識がついた後であれば問題ないと思います。


本を選ぶポイントは、実際に不動産賃貸業を行っている大家さんで、自分の立場に近い人が書いている本がいいと思います。

著者も十人十色でいろんなタイプの人がいます。主婦であれば、同じような主婦（専業・パート）の大家さんが書いている本ほど、身近に感じられて参考になるはずです。30歳のサラリーマンであれば、30歳のサラリーマン大家さんが書いている本が参考になるでしょう。

つまり、20代の女性でしたら、私の書いた本を読んでもらえたらいいと思います。とりわけ20代の女子が書いた本は世の中に多く出ていません。なるべく若い人の本を読むことをオススメします。

そして、あなたがもしも東京に住んでいるのであれば、東京に住んでいて不動産投資を行っている大家さんの書いた本が参考になりますし、あなたが地方に住んでいるのなら、地方で大家さんをしている人が書いた本を読めば役立つと思います。

とにかく不動産投資には種類がたくさんありますので、いろんな投資手法の本を読んでみましょう。

新築投資があれば中古投資もありますし、戸建て投資や一棟アパート投資もあります。それ以外にもさまざまな不動産投資がありますから、できるだけたくさん本を読んでみてください。このようにして、あまりかたよりがないように複数の手法を読んでいけば基本的な知識や考え方が身につきます。

ちなみに私がオススメするのは、次の書籍です。

オススメの不動産投資本

・奈湖ともこ著『最新版〝元ギャル〟が資産８０００万円の大家さんになったヒミツ！』（ごま書房新社）

・舛添菜穂子著『コツコツ月収８０万円！主婦大家なっちー〝の小さな不動産投資術。』（ごま書房新社）

・日曜大家著『戸建のDIY再生による不動産投資——家族と一緒に楽しくDIYしながら家賃収入を得る法』（セルバ出版）

番外編として、この2冊はお金についての考え方が学べる本です。

お金についての考え方が学べる本

・ロバート キヨサキ著『金持ち父さん貧乏父さん』（筑摩書房）
・菅井敏之著『お金が貯まるのは、どっち!?』（アスコム）

最低でも本を10冊ほど読めば、不動産投資というものが、どのような仕組みなのかを理解できると思います。不動産投資で使われている言葉もわかるようになります。

●買うときに「9割」決まる

不動産投資では「買うときに9割が決まる」といわれています。

単純に相場より安く買えば、相場で売ってもキャピタルゲインを手にすることができますし、空室があっても相場より少し安く貸し出すことで、入居率を高めることができます。

不動産は時間の経過により古くなって修繕が必要となりますが、安く買えていれば、その分だけ資金に余力ができて、修繕費も捻出しやすくなります。

これが相場よりも高く買ってしまうと、売ることもままなりません。

私は以前、神奈川県横須賀市にある区分マン

購入指標

- 相場よりも安い価格の物件
- 利回りが高い物件
- お金が残る物件

ションを100万円で買いました。

これは築44年になるファミリータイプの区分マンションで、100万円で買った後に30万円かけてリフォームして、半年後に350万円で売りました。

30万円のリフォームは、壁紙の貼り替えと畳の表替えのみで、お風呂やトイレ、キッチンなどの水まわりは古かったのですが、ちゃんと使えたのでそのまま貸しました。

家賃は6万5000円です。すると表面利回りが70％にもなりました。表面利回りとは、次の式で算出される不動産投資の購入指標の1つです。

表面利回り＝1年間の家賃収入÷不動産の購入価格×100

私はこの物件を入居者がついた状態で「オーナーチェンジ物件」として利回り15％に設定して売りました。

この15％は相場よりも高い利回りなので、私から買ってくれた投資家さんは「お得だ！」と喜んでもらえました。しかし、そもそも私が安く買っていたから高い利回りで売ることができたのです。

これは特別にラッキーな例ですから、あまり参考にはならないかもしれませんが、このようなケースもあります。

●不動産が安く買える理由

前項の区分マンションですが、どうして100万円で買えたのかというと、「相続」が理由です。

何度か取引があった不動産屋さんの若い男性社員のお婆ちゃんが亡くなって相続されたマンションでした。

相続人が5人いて、5人で分配しなければいけないのと、月3万円くらいの管理費・修繕積立金がかかっていたのです。それで「早く売りたい！」となりました。

5人で分けるため、ぴったり100万円にしたら5人で20万円ずつ分けられますから「100万円で買いませんか?」と私に打診されたのです。

こうした相続案件の場合、親族がみんなで平等に分けることと、急いで売ることをメインに考えているケースも多く、お買い得になる傾向があります。

相続税というのは、亡くなってから10カ月間で事務的な処理を済まさなければなりません。

その間にいろんな特例を受けたいのであれば、書類に親戚全員の捺印が必要になります。

ですからいち早く話をまとめなければいけません。「急いで売りたい！」「平等に売りたい！」という売主のニーズがあると、安く入手できるときがあります。

　私の場合は、そのようなタイミングで物件と出会えました。

　実際にその物件の相場価格は450万円でしたので、明らかにお買い得だと判断して買いました。みなさんはすごくラッキーと思われるでしょうが、意外にそのようなことはよくある話でもあります。

　相続で安くなるのは「売主の理由」ですが、そのほかにも「建物の理由」（古くてボロいなど）、「土地の理由」（借地や道路付けなど）で安くなるケースがあります。

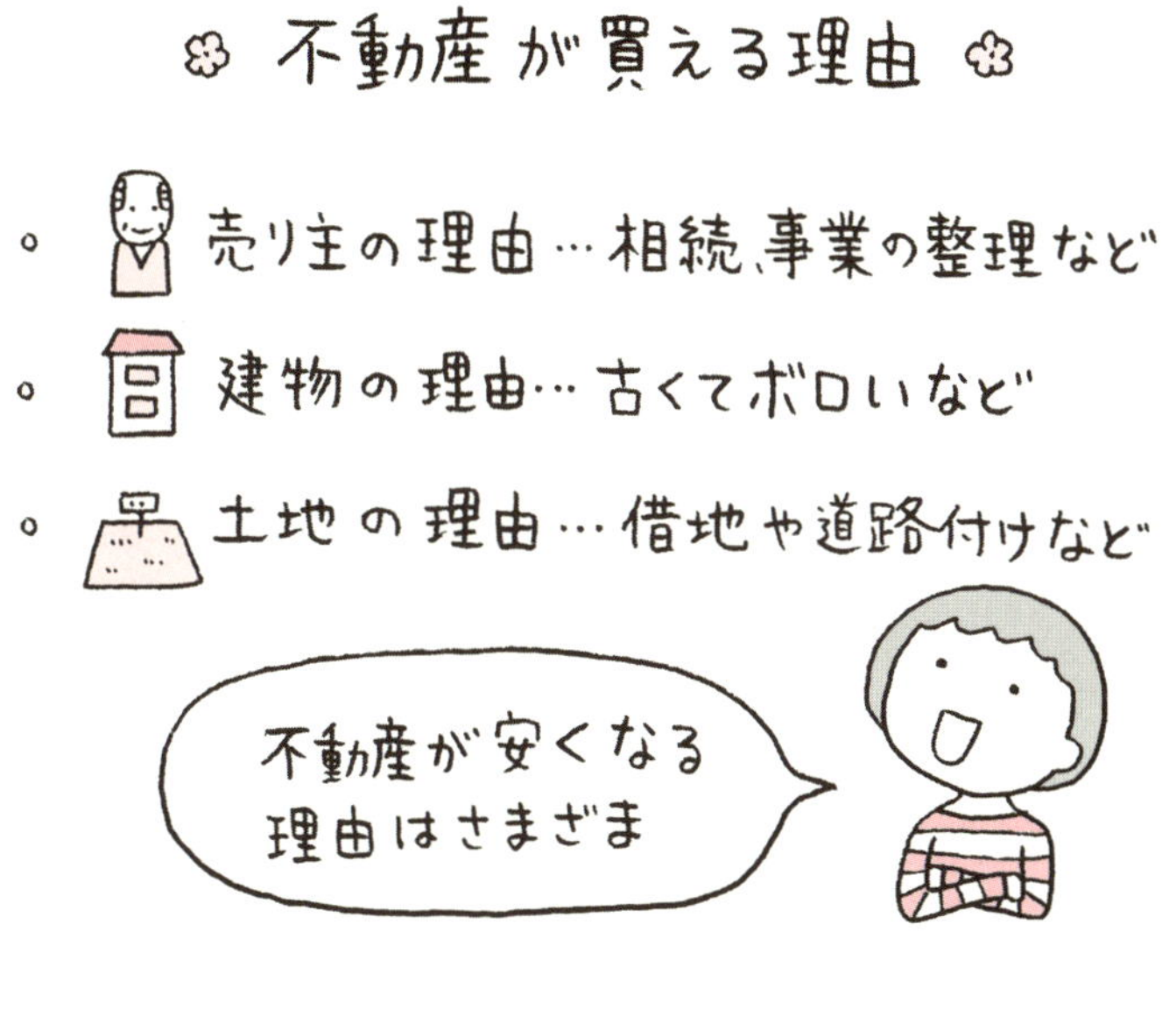
不動産が買える理由
売り主の理由…相続、事業の整理など
建物の理由…古くてボロいなど
土地の理由…借地や道路付けなど
不動産が安くなる理由はさまざま

●安く買うためには準備が必要

お買い得物件の情報は急に飛び込んで来るものです。急いで買わなければ逃してしまうのでスピードが求められます。初心者がそれに対応できるのかというと、ちょっと難しいと思います。そのためにも相場価格を理解しておかなければなりません。相場については、私の前著に調べ方がくわしく書いてありますから、読んで勉強してください。

また、チャンスをつかむためには日ごろから準備をしておく必要があります。前提として、自己資金の用意（現金で購入する場合はもちろん、融資を使う場合でも自己資金は必要です）。そして、その物件の良し悪しが判断できるように見る目を養っておきます。「見る目」とは、相場価格だけでなくニーズがあるのか、建物が使えるのか、といったことです。安い物件にはそれなりの理由があります。

相続のように売主側の事情で安くなっているのであれば問題ありませんが、土地や建物に理由があって安くなっているケースもあります。その理由を解決するために多額のお金がかかるようであれば、安く買えたことにはなりません。自分が見極められなくても、相談のできる先輩がいる環境を整えておくのも良いでしょう。

●買ってはいけない不動産とは

ここまでどのような不動産を買ったら良いかのお話をしてきましたが、逆に買ってはいけない不動産もあります。これは明らかに高い物件です。代表的なものに新築ワンルームマンション投資があげられます。

20代女子が新築の区分マンションを勧められることは一般的にあまりありませんが、これがサラリーマンや公務員、医師など安定的な職業や高収入の職業についている人であれば、「新築ワンルーム投資をはじめませんか？」と営業の電話がかかってくることがよくあります。新築ワンルームマンション投資は融資を受けて行うものですが、自己資金はほとんど必要のない代わりに儲かりません。

家賃収入から管理費・修繕積立金を差し引いて、年間にかかる固定資産税・都市計画税を支払えば赤字になってしまう……というケースがあります。

不動産投資では、家賃収入から経費とローン返済を差し引いたものを「キャッシュフロー」といい、このキャッシュフローがインカムゲイン（運用益）となります。これもまた不動産投資の購入指標の1つとなります。

新築ワンルームマンション投資では、キャッシュフローがマイナス数千円から1万円程度の赤字というケースが多く、空室になればローン返済分も加算されて何万円も持ち出しがあります。

売却の際も値下がりが大きく、多くの場合、売っても借金が残ってしまいます。

損をしてでも売ることを「損切り」といいますが、多くの人は「損切り」しても借金が返しきれないため、売ることもできずに苦しんでいます。

ひどいケースではそうした赤字マンションを何戸も買ってしまって、売るに売れないなか、毎月の給料で補てんしきれなくなって破たんしてしまうこともあるのです。

家賃収入 − 経費 − ローン決済
= キャッシュフロー
キャッシュフローが
マイナスになる物件は
絶対に買ってはいけません！

●出口を考えて買う

最終的に不動産をどうするのか決めることを「出口」といいます。不動産には4つの出口があります。

①持ち続ける（リフォーム・建て替え）
②オーナーチェンジ
③マイホームとして売る
④土地で売る

売却を考えずに、ずっと持ち続けるのも選択肢の1つです。その場合は、将来の建て替えも視野に入れておきましょう。売却の場合は「オーナーチェンジ」「マイホームとして売る」「土地として売る」の3種類です。

「マイホームとして売る」は、戸建てや区分マンションの場合です。空室であれば「マイホーム」、入居中であれば「オーナーチェンジ」で売ります。

「土地として売る」というのは、老朽化して建物が使えない場合に、住宅用地として売るようなケースです。

その場合は、建物があっても「古家付きの土地」として売却できます。

「入居がついているのか・ついていないのか」。または、「建物が使える状態か・使えない状態なのか」が基準になりますけれど、物件によっては「マイホームのほうが高く売れる」「土地のほうが高く売れる」といったケースがありますので、その物件にあった出口を考えましょう。

とはいえ、買った瞬間にすべてを決めておくのは難しいでしょうから、「出口の選択肢がある物件を選ぶ」という程度でも大丈夫です。逆にいえば、出口のない物件を買ってはいけません。

収益不動産の出口

① 持ち続ける（リフォーム・建て替え）

② オーナーチェンジ

③ マイホームとして売る

④ 土地で売る

●良い借金・悪い借金

不動産投資のメリットとして、レバレッジがかけられることを紹介しました。

不動産投資においては、「レバレッジ＝借金」です。借金といえば、「してはいけない」「怖い！」と思われるかもしれませんが、お金にお金を稼がせて増やしていくためには、借金が大きな武器となります。

第２章のお金の使い方で「消費・浪費・投資」を説明しましたが、同じようにお金を使っても、それが浪費なのか投資なのかによって意味が違うように、借金においても消費として車のローンを組んだり、浪費としてカードキャッシングすることと、不動産投資をするためにローンを使うことは意味が明確に違います。

同じように借金をしても、車のローンやキャッシングはお金を生み出しませんが、収益不動産を借金して購入した場合は、そこから家賃収入を生み出してくれます。また、借金の返済も家賃からできるのです。

良い借金…お金を生み出してくれる借金
悪い借金…お金を使うだけの借金
不動産投資でレバレッジをかければお金がお金を生んでくれる！

●3カ月分の給料を貯めたらコレ! 「スペース投資」

ここからは実践編です。

給与3ヵ月分でチャレンジできる不動産として、転貸の投資があります。「転貸」とは、借りた物件で行う投資のことです。会議室や民泊、それにコインパーキングやトランクルームをやっている人もいます。

たとえば家賃5万円でワンルームマンションを借りて、時間貸しの会議室として運用します。1日に5000円の売上が立つと仮定し、週4日間稼働したとします。

そうすると、5000円×4=2万円で、これが1ヵ月の4週なら8万円になります。つまり5万円で借りた会議室が、月にして3万円の利益を出すのです。これが転貸の仕組みです。

ただし注意点があります。集客ツールとして会議室専用の募集サイトがありますが、そこには仲介手数料が発生します。

また、会議室の清掃代などもかかりますから、こうした経費を差し引いても利益が残るのかをしっかりチェックしなくてはいけません。

そのほかにも会議室用のワンルームを借りるための初期費用として、敷金や礼金、仲介手数料や部屋に設置する机といすなど家具や備品代もかかります。

たとえば、25万円の給料を3カ月貯めて75万円の資金があり、そのうち50万円を初期費用として使います。

その50万円を回収するには何カ月かかるのかもシミュレーションします。月5万円が儲かるなら10カ月ですが、ランニングコストを引いて3万円だとすれば、回収するまでに16カ月かかります。

これを1年で回収したいのなら、どのようにすれば良いのか工夫してみましょう。たとえば家具は買わないで、ご近所掲示板「ジモティー」(https://jimty.jp) を利用して無料でもらってくるなどです。

このように、いくらお金をかけて、いつまでに回収できるのか？

いくら以上は稼がないと赤字になるのかを決めてスタートします。また、はじめてみて試算どおりに運営できなければ撤収できるのも転貸の特徴です。

●半年分の給料を貯めたらコレ！「マイホーム投資」

給料の半年分、給料25万円で150万円が貯まったら、マイホーム投資にチャレンジしてみましょう。

簡単にいえば、自分の家を住宅ローンで買って住むのです。

住宅ローンの場合は、返済率（給与に占めるローン返済の割合）が基準になりますから、給料の3～4割で計算して、それを35年で返します。

そこで買える物件の規模がわかります。

たとえば年収300万円で2000万円が借りられるなら、2000万円で買える家はどんな家があるのかを調べます。

それを買う前に、貸したらどうなのか？　売ったらどうなのか？　をよく研究してから自宅として買います。

なぜかというと、住宅ローンはマイホームの購入資金としてしか使えないからです。

まずは自分で住んで、「将来的に結婚をする」「地元に帰る」など、ライフステージの変化に合わせて、その物件を貸したり売ったりします。

「マイホームとしてお金を借りた物件を、そんなことしてもいいの？」と不安に感じるかもしれませんが、やむを得ない事情であれば大丈夫です。もちろん、その事情は銀行に報告しましょう。

とくにやむを得ない事情として「転勤」があげられます。また、女性の場合なら「結婚した」は有効です。

最初から貸すためや売るために借りるのはルール違反ですが、長い人生のなかで、結果として貸すことになったり、売ることになったりするのは珍しくありません。

なお住宅ローンはアパートローンに比べて借りやすく、金利や期間など融資条件も有利です。またフルローン（物件価格満額の融資）も出やすいです。ただしフルローンであっても諸費用といって、そのほかの費用が物件価格の約５～７％はかかりますので、貯めた貯金は自己資金に充てます。

●年収分を貯めたらコレ！「戸建て投資」

貯金が300万円貯まったら、オススメしたいのが戸建て投資です。戸建て投資は数百万円からできる投資とあって人気があります。

首都圏において東京都内では難しいですが、エリアを千葉・埼玉・神奈川まで広げれば、300万円程度の物件は売っています。「300万円で家が買えるの？」と驚かれた人はネットで検索してください。

賃貸で家を探すときに不動産サイト見ると思いますが、賃貸で探すように、売買のサイトもあります。それも不動産投資専門のサイトがあれば、普通に売っている家のサイトもあります。

また「空き家バンク」といって、空き家を賃貸・売買して有効活用するため、各自治体が取り組みを進めています。

そのようなサイトをチェックすると必ず安い戸建ての情報が出てきます。

そして、自分が投資をするときに得意なエリア、買いたいエリアを決めて定点観測をしていくと、相場がどれくらいの価格なのか、どれがお買い得なのかがわかってきます。

ただしここで大事なのは、エリアを決めるときに借りてくれる人がいるのか、家賃がちゃんと取れるのか、という賃貸ニーズを調べる必要があります。

得意なエリア、買いたいエリアを決めて物件を探すのは、それほど難しくありません。今は携帯のアプリでどこにいても調べられますし、家でテレビを見ながらでも調べられます。

また、新着情報だけ押さえている人もいますし、「○○円以下」だけ通知が来る設定もできます。これも詳しいことは私の前著に書いてあります。

●最終目標 ～1000万円貯めるまでの流れ～

このようにして投資をはじめたら、最終的に目指すところは1000万円の貯金です。たった今、貯金がない人からすれば「1000万円の貯金」というのは大きなハードルに見えますが、お給料以外にお金を得る仕組みができてしまえば、実現可能な目標です。

もちろん、1000万円にたどりつくには壁があります。

まずは100万円の壁、500万円の壁、そして1000万円の壁とあるのですが、これが意外にも最初の壁のほうが難しくて、後の壁はそこまで難しくありません。

たとえば、普通なら2万円ずつ貯めて、それを100万円にします。そして100万円からコツコツと貯金して500万円にします。さらに500万円をコツコツと貯めて1000万円までに、10年をかけて貯めるのです。

年間で100万円を貯めるのなら、1000万円の貯金は10年かけて叶えることになりますが、私の考えは違います。

効率的にお金を殖やすため、不動産投資に「複利」の考え方を取り入れます。世の中のあらゆる投資は、複利による再投資でスピーディにお金を殖やせるのです。

「複利」とは、利子にさらに利子が乗ってどんどん殖えていくことです。たとえば、もともと100万円あるとします。その100万円を年利5％で運用します。

そうすると、1年後には105万円になります。この105万円をもう1回5％で運用すると、今度は105万円に対して利子がつきます。つまりこれが「複利」です。

その105万円が、110万2500円になるわけです。今度は110万2500円に対して5％の金利がつき……と繰り返し、どんどん殖えていくのです。

逆に「単利」というのは、永遠に100万円に対しての利子だけが付いてくるので、金利の5万円は永遠に5万円のままです。

1年目も5万円、2年目も5万円、3年目も5万円と増えることはありません。

このように、最初は小さな雪のボールだったのがゴロゴロと転がしていくうちに、どんどん大きな雪だるまになっていくのです。

これが複利です。100万円を複利金利5％を10年間運用すると162万8895円になります。

単利で10年間運用したときとの差は、12万円を超えます。

不動産投資の場合は、お給料が3カ月貯まったところでスペース貸しをはじめてもいいですし、1年分をコツコツと貯めてからはじめてもいいと思います。

300万円が貯まったところで1つ目の戸建てを現金で買い、2つ目の戸建ては1つ目の戸建てを担保に入れて銀行融資を受けます。

つまり1つ目はレバレッジをかけられませんが、2つ目の戸建てからレバレッジをかけます。そうして月々のキャッシュフローが得られるようになったら、それを貯めてまた不動産を購入します（再投資）。

こうして、不動産で稼ぎ出したお金を、また不動産に投資することで、投資スピードがアップしていきますし、福利の効果が得られます。

ただし、投資とはいっても事業の要素が高いため、計算だけではまかり通らない部分があることは了承しておいてください。それでも普通にコツコツと貯金をするより、圧倒的にお金が入ってきます。

お給料を月数万円増やすことはとても難しいですが、不動産投資で数万円程度の利益を得ることは難しくありません。

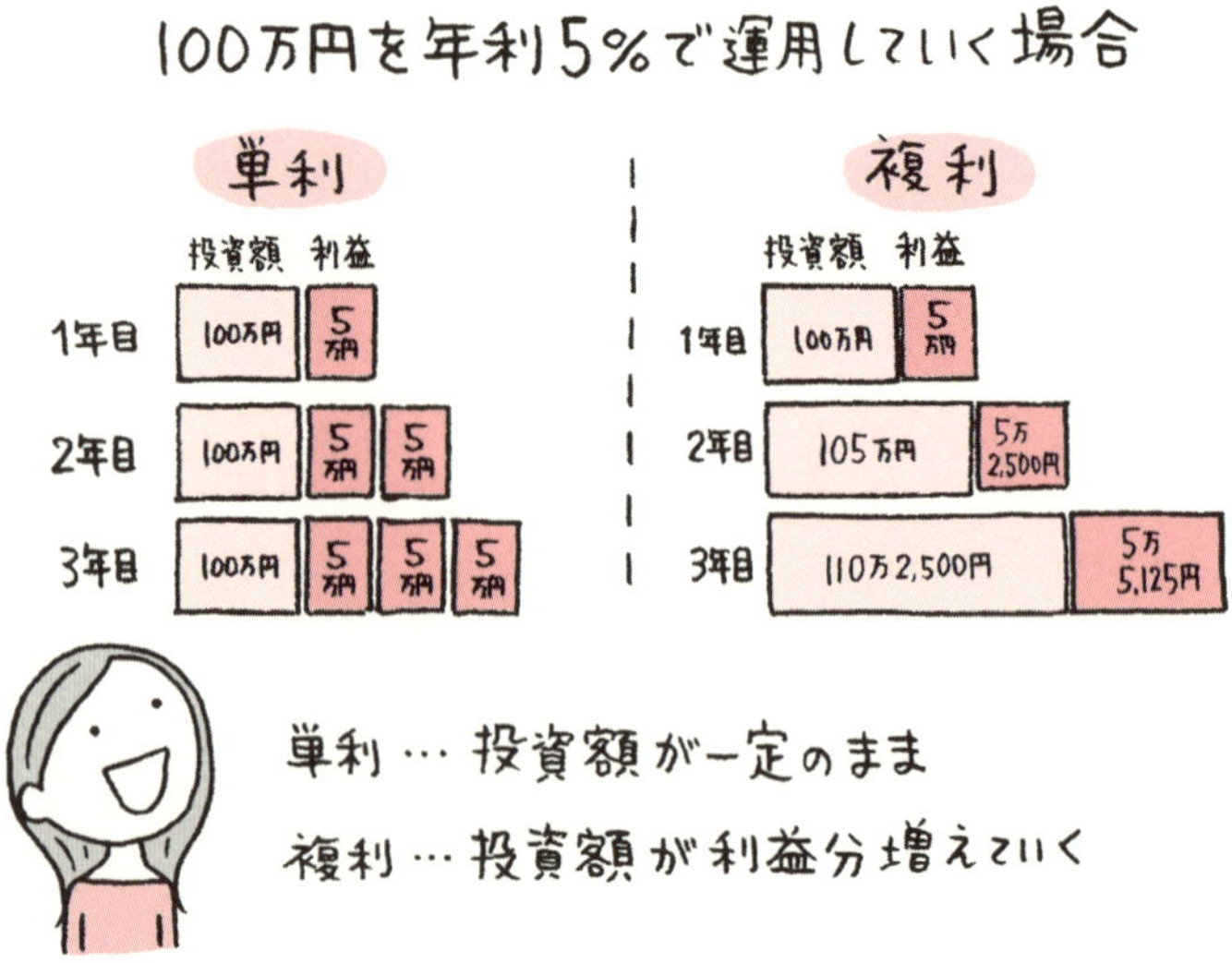
100万円を年利5%で運用していく場合
単利
投資額
利益
1年目
100万円
5万円
2年目
100万円
5万円
5万円
3年目
100万円
5万円
5万円
5万円
複利
投資額
利益
1年目
100万円
5万円
2年目
105万円
5万2,500円
3年目
110万2,500円
5万5,125円
単利…投資額が一定のまま
複利…投資額が利益分増えていく

おわりに

本書を最後までお読みくださり、ありがとうございます！

私が不動産投資をはじめた21歳のときの貯金は３００万円でした。

そして、５年前の23歳で貯金１０００万円を達成しました。

コツコツと10年、15年かけてがんばって１０００万円を貯めている人もいれば、私は「３年で１０００万円を貯めること」ができたのです。

なぜ、そんなに早く貯められたのか。

それは私が不動産投資によって稼いだお金を再投資したからです。具体的にいえばインカムゲイン（運用益）を得ながらも、ときにはキャピタルゲイン（売却益）を得て、それをまた貯金して再投資をしてきた結果です。

収益不動産からの家賃収入は1年目が月20万円、今は月１３０万円が入ってきます。キャッシュフロー（ローンや経費を除いた利益）は月80万円くらいです。

お金が貯まっていくスピードは人によって違います。そもそも実家暮らしなのか一人暮らしなのかによっても差が出ます。

まず、お金を貯める最初の種になるお金、「雪だるまの核」となるお金をつくるときには、とにかく自分ができる精一杯のことをするのが良いと思います。

私の場合は幸いにして実家暮らしでしたから、早くたくさんの貯金をすることができました。

また、投資を始めるときの市況も、安い時期に買えたことが大きく、結果的にインカムゲインもキャピタルゲインも取れたのです。

こうして私は3年間で1000万円に到達できましたが、人によってはそのスピードが遅くなって5年かかるかもしれません。もしかすると10年かもしれません。それでも間違いなく叶えられます。

なぜなら、不動産投資は努力した分だけ結果の出る投資だからです。

不動産といえば、もとからお金持ちの地主さんや高年収のエリートビジネスマンが税金対策などで行っているイメージがありますが、間違った物件の買い方をして失敗している人もたくさんいます。

やはり不動産は高額ですから（安くても百万円単位で高いと億を超えます）、誰かに判断を丸投げして買ったり、何も勉強せずに買ったりするのは危険なのです。

その代わりに努力が報われる世界です。

お金を一生懸命貯めて、物件を探して購入します。その後、買った物件を自分で掃除したり手直しもできます。

もちろん、本業が忙しいのであれば、そのすべてをプロに任せられます。

このように人に任せることもできますが、自分でできることも多いのです。その分だけ、工夫の余地があるのです。

リスクの話をすれば、お金持ちはカモになりやすい側面があります。逆にいうと20代女子はカモになりません。

むしろ私ははじめたばかりのころは、お客さん扱いされなくて困ったこともありました。今は当時に比べれば若い投資家が増えていることもあり、そこまでではないと思います。

不動産投資は「誰でも簡単にできる」とは言えませんが、しっかり勉強すれば身に付きますし、正しいやり方がわかります。

もし興味が湧いてきたら、どうか勇気を出して一歩踏み出して、この世界をのぞいてください！

ぜひ、本を何冊か読んで大家さんのセミナーや勉強会に行ってみてください。そこで知り合った先輩大家さんの話を聞いて、物件を見せてもらってください。

貯金をして不動産を買うなんて現実味のない話と思われるかもしれませんが、私だけでなく成功している人がいっぱいいいますし、新しい可能性が広がっています。

本書が、皆さんがその一歩を踏む出すきっかけになれば、とてもうれしいです。そして、皆さんの人生がもっと楽しく、もっと豊かになることを心からお祈りしています。

奈湖ともこ

令和元年10月吉日

●著者紹介

奈湖　ともこ（なこ　ともこ）

東京都世田谷区出身。

公立小学校に通いながら塾に行き、算数オリンピックの日本代表に選ばれる。高校１年生まではひたすら塾に通うが、人生の有限性を感じ、大検を取り、高校を中退。現役で慶応大学に入学。その後、18 歳から飲食コンサルティング会社で働き続け、お金を稼ぐこと、働くことが楽しくなる。大学は卒業の見込みもなくなり 22 歳のときに中退。

当時は、ブランドバッグやエステにジムにお金を使い、不安はあるけれど貯金はなし。21 歳のときに、高級マンションに引っ越ししようとしたら母に止められ、母に誘われて一緒に行った不動産投資セミナーで、不動産に大いに興味を持つ。一人暮らしの部屋を解約して実家に帰り、物件探しをするがなかなか買えない時期が９か月も続いた。2013 年、22 歳大学在学中にやっと貯金 300 万円にもかかわらず 2,200 万円の融資を引き出し横浜にアパートを１棟購入。

その後、2014 年、23 歳で逗子の戸建て 1.200 万円を購入。2015 年、24 歳のときに横浜市の戸建てを 650 万円で購入。2015 年、さらに横浜市のアパートを 1,680 万円で購入。その後も物件を買い増し、アパート３棟 14 室、戸建て４つ、倉庫１つを所有。年間家賃収入 1,600 万円、年間キャッシュフロー 900 万円を達成。

現在は、物件選びから満室にするまでの、女性限定コミュニティ「TEAM ♡ぜろすた」を主催。お話をお聞きしたい大家さんをゲストに呼び、一緒に学ぶ会「なこ大家の勉強会」も主催。セミナー講師としても、各地に呼ばれ、多くの人に不動産投資の魅力を伝えていく活動をしている。

趣味は読書、美容、貯金、お金トーク、不動産トーク。

著書は、「元ギャル女子高生、資産 7,000 万円の OL 大家さんになる！～資金 70 万円＆融資活用で、22 歳のギャルが大家さんになれた方法～」（2017 年ごま書房新社）、「最新版 “元ギャル” が資産 8,000 万円の大家さんになったヒミツ！」（2018 年ごま書房新社）。

ほかにも 2018 年２月テレビ朝日「お願いランキング」に出演。

書籍コーディネート　インプルーブ　小山睦男

20代女子投資家が伝える
誰も教えてくれなかったお金の話

2019年12月9日　初版発行
2019年12月21日　初版第2刷発行

著　者　奈湖　ともこ
発行人　今井　修
印　刷　モリモト印刷株式会社
発行所　プラチナ出版株式会社
〒104-0061　東京都中央区銀座1丁目13-1
ヒューリック銀座一丁目ビル7F
TEL　03-3561-0200　FAX　03-3562-8821
http://www.platinum-pub.co.jp
郵便振替　00170-6-76711（プラチナ出版株式会社）

落丁・乱丁はお取替え致します。

ISBN978-4-909357-59-5